EYNE ❮

Dr. Oetker

RÖMER TOPF®

WILHELM HEYNE VERLAG
MÜNCHEN

Vorwort!

Die Idee ist genial und schon über 2000 Jahre alt – das Garen im RÖMERTOPF®. Das Prinzip dieser Garmethode ist ganz einfach: RÖMERTOPF® wässern, alle Rezept-Zutaten hinzugeben und ab in den Backofen.

Der Vorteil: Nährstoffe, Vitamine und Mineral-stoffe bleiben erhalten, der natürliche Geschmack kann sich voll entfalten und die Zugabe von Fett ist fast nicht nötig. All das entspricht einer ausge-wogenen, gesunden Ernährung.

Für alle Anhänger des Kochens im RÖMERTOPF® und alle, die es werden wollen, haben wir eine Fülle von neuen Rezepten zusammengestellt. So können Sie problemlos Genuss und Gesundheit kombinieren.

Alle Rezepte sind von uns, wie immer, ausprobiert und so beschrieben, dass sie Ihnen garantiert gelingen.

Inhaltsübersicht

Hackbällchen in Bohnenragout

Einfach

(Römertopf 4-Liter-Inhalt)
4 Portionen

Zutaten:

600 g Gehacktes (halb Rind-,
   halb Schweinefleisch)
1 Ei (Größe M)
Salz
frisch gemahlener Pfeffer
Knoblauchpulver
2–3 EL Speiseöl
1 Dose Chili-Bohnen
   (Abtropfgewicht 250 g)
1 Dose Kidney-Bohnen
   (Abtropfgewicht 250 g)
1 Dose dicke, weiße Bohnen
   (Abtropfgewicht 250 g)
1 TL Paprikapulver edelsüß
1 TL gemahlener Koriander
1 Bund Petersilie
370 g stückige Tomaten
   (Tetra Pak®)

Zubereitungszeit: **30 Minuten**
Garzeit: **etwa 50 Minuten**

1_ Gehacktes in eine Rührschüssel geben, Ei unterarbeiten und mit Salz, Pfeffer und Knoblauch herzhaft würzen. Aus der Gehacktes-masse mit angefeuchteten Händen kleine Bällchen (je etwa 30 g) formen.

2_ Speiseöl in einer großen Pfanne erhitzen und Hackbällchen darin von allen Seiten anbraten.

3_ Chili- und Kidney-Bohnen mit dem Fond und weiße Bohnen ohne Fond in einer Schüssel mischen. Mit Salz, Pfeffer, Paprika, Koriander und Knoblauch würzen.

4_ Petersilie abspülen und trocken tupfen. Einige Zweige zum Garnieren beiseitelegen. Die Blättchen von den Stängeln zupfen und klein schneiden.

5_ Tomatenstücke und Petersilie unter die Bohnenmischung rühren und in einen gewässerten Römertopf geben. Angebratene Hack-bällchen mit dem Bratfett auf dem Bohnenragout verteilen.

6_ Den Römertopf mit dem Deckel verschließen und auf dem Rost in den kalten Backofen schieben.
Ober-/Unterhitze: etwa 200 °C (untere Einschubleiste)
Heißluft: etwa 180 °C
Garzeit: etwa 50 Minuten.

7_ Das Gericht mit den beiseite gelegten Petersilienzweigen garnieren.

Pro Portion: E: 46 g, F: 34 g, Kh: 32 g, kJ: 2565, kcal: 611

Tipp: Das Bohnenragout kann mit kleinen Kartoffelwürfeln angereichert werden. Dann verlängert sich die Garzeit um 10–15 Minuten, je nach Größe der Kartoffelwürfel.

Herbstlicher Auflauf mit Schweinefilet

Für Gäste

(Römertopf 3-Liter-Inhalt)
4 Portionen

Zutaten:

1 kg kleine, festkochende
  Kartoffeln
Salzwasser
200 g kleine Schalotten oder
  kleine, rote Zwiebeln
4 EL Speiseöl
450 g Schweinefilet
1 großer Apfel (etwa 200 g)
1 kleines Bund Majoran
Salz
frisch gemahlener Pfeffer

Für den Guss:

200 g Schlagsahne
250 ml (¼ l) Gemüsebrühe
150 g Blauschimmel-Käse,
  z. B. Gorgonzola
1 TL Speisestärke

Zubereitungszeit: **50 Minuten**
Garzeit: **etwa 60 Minuten**

1_ Kartoffeln unter fließendem Wasser gründlich abbürsten, abtropfen lassen und längs vierteln. Kartoffelspalten zugedeckt in kochendem Salzwasser etwa 10 Minuten garen. Kartoffelspalten abgießen.

2_ Schalotten oder Zwiebeln abziehen und in Spalten schneiden. Etwas Speiseöl in einer Pfanne erhitzen und Schalotten- oder Zwiebelwürfel darin anbraten. Kartoffelspalten hinzugeben und unter mehrmaligem Wenden mit anbraten.

3_ Schweinefilet mit Küchenpapier trocken tupfen. Schweinefilet zuerst längs halbieren, dann in 2–3 cm dicke Scheiben schneiden. Restliches Speiseöl in einer zweiten Pfanne erhitzen und die Fleischscheiben darin von beiden Seiten anbraten.

4_ Apfel waschen, abtrocknen, vierteln und das Kerngehäuse herausschneiden. Apfelviertel in Stücke schneiden. Majoran abspülen und trocken tupfen. Die Blättchen von den Stängeln zupfen und evtl. klein schneiden.

5_ Kartoffelspalten mit den Schalotten- oder Zwiebelspalten, Fleischscheiben, Apfelstücken und Majoran in einer Schüssel mischen. Mit Salz und Pfeffer würzen. Die Mischung in einen gewässerten Römertopf geben.

6_ Für den Guss Sahne, Gemüsebrühe und zerbröselten Blauschimmelkäse in einem Topf unter Rühren zum Kochen bringen. Speisestärke mit Wasser anrühren, in die Flüssigkeit rühren und unter Rühren aufkochen lassen. Den Guss auf dem Auflauf verteilen.

7_ Den Römertopf mit dem Deckel verschließen und auf dem Rost in den kalten Backofen schieben.
Ober-/Unterhitze: etwa 220 °C (untere Einschubleiste)
Heißluft: etwa 200 °C
Garzeit: etwa 60 Minuten.

Pro Portion: E: 39 g, F: 36 g, Kh: 47 g, kJ: 2866, kcal: 688

Ravioli mit Schinken und Tomaten

Für Kinder

(Römertopf 3-Liter-Inhalt)
4 Portionen

Zutaten:
400 g TK-Blattspinat
1 Zwiebel (etwa 140 g)
2 kleine Knoblauchzehen
30 g Butter
60 g getrocknete Tomaten
200 g Kochschinken
750 g Ravioli
 (aus dem Kühlregal)
Salz
frisch gemahlener Pfeffer
300 ml Hühnerbrühe
200 g Schlagsahne
1 Dose Tomatenwürfel mit Fond
 (Einwaage 400 g)

120 g frisch geriebener
 Pecorino-Käse

Zubereitungszeit: **40 Minuten,
ohne Auftauzeit**
Garzeit: **etwa 50 Minuten**

1_ Blattspinat nach Packungsanleitung auftauen lassen.

2_ Zwiebel und Knoblauch abziehen, in kleine Würfel schneiden. Butter in einer Pfanne zerlassen und Zwiebel- und Knoblauchwürfel darin andünsten.

3_ Getrocknete Tomaten in Streifen, Kochschinken in Würfel schneiden.

4_ Ravioli mit Spinat, Zwiebel-Knoblauch-Masse, Tomatenstreifen und Schinkenwürfeln in einer Schüssel mischen. Mit Salz und Pfeffer würzen. Die Ravioli-Masse in einen gewässerten Römertopf geben.

5_ Brühe mit Sahne und Tomatenwürfeln mit Fond verrühren. Mit Salz und Pfeffer würzen. Die Tomatensauce auf der Ravioli-Masse verteilen.

6_ Den Römertopf mit dem Deckel verschließen und auf dem Rost in den kalten Backofen schieben.
Ober-/Unterhitze: etwa 220 °C (untere Einschubleiste)
Heißluft: etwa 200 °C
Garzeit: etwa 50 Minuten.

7_ Etwa 10 Minuten vor Ende der Garzeit den Deckel entfernen. Die Backofentemperatur um etwa 20 °C erhöhen. Die Ravioli-Masse mit Käse bestreuen. Den Römertopf (ohne Deckel) wieder auf dem Rost in den heißen Backofen schieben und Ravioli etwa 10 Minuten überbacken.

Pro Portion: E: 40 g, F: 43 g, Kh: 72 g, kJ: 3555, kcal: 849

Tipp: Die Ravioli können auch unter dem vorgeheizten Backofengrill überbacken werden.

Schweinerippchen asiatisch
Raffiniert

(Römertopf 5-Liter-Inhalt)
4 Portionen

Zutaten:
3 kg Schälrippchen, in Stücke
  zerteilt
Salz
frisch gemahlener Pfeffer
4 Bund Frühlingszwiebeln
  (je etwa 250 g)
1 kg Sojabohnenkeimlinge oder
  Keimlinge aus der Dose oder
  dem Glas (Abtropfgewicht
  insgesamt 640 g)
4 EL Speiseöl
60 g Zucker
80 ml Sojasauce
400 ml Asia-Sauce Sweet & Sour
  (erhältlich im Asialaden)
500 ml (½ l) Fleischbrühe

Zubereitungszeit: **35 Minuten**
Garzeit: **45–60 Minuten**

1_ Schälrippchen unter fließendem kalten Wasser abspülen, trocken tupfen, mit Salz und Pfeffer würzen.

2_ Frühlingszwiebeln und Sojabohnenkeimlinge putzen, waschen und abtropfen lassen. Frühlingszwiebeln in etwa 3 cm lange Stücke schneiden. Keimlinge aus der Dose oder dem Glas auf einem Sieb abtropfen lassen.

3_ Gut die Hälfte des Speiseöls in einem Bräter erhitzen. Rippchen darin von beiden Seiten kross anbraten. Rippchen mit der Hälfte des Zuckers bestreuen und karamellisieren lassen.

4_ Sojasauce und Asia-Sauce verrühren. Die Rippchen dick damit bestreichen und in einen gewässerten Römertopf füllen.

5_ Restliches Speiseöl in einer Pfanne erhitzen. Frühlingszwiebel-stücke und Sojabohnenkeimlinge unter mehrmaligem Wenden darin andünsten. Restlichen Zucker darauf verteilen und karamellisieren lassen. Mit Sojasauce und Asia-Sauce herzhaft würzen.

6_ Die Gemüsemasse zu den Rippchen in den Römertopf geben und gut untermischen. Fleischbrühe hinzugießen. Den Römertopf mit dem Deckel verschließen und auf dem Rost in den kalten Backofen schieben.
Ober-/Unterhitze: etwa 220 °C (untere Einschubleiste)
Heißluft: etwa 200 °C
Garzeit: 45–60 Minuten, je nach Dicke der Rippchen.

Pro Portion: E: 87 g, F: 48 g, Kh: 77 g, kJ: 4930, kcal: 1176

Tipp: Zu den Schweinerippchen warmes Baguette oder gebacke-nes Krabbenbrot reichen.

Schweinerücken mit Kruste

Klassisch

(Römertopf 4-Liter-Inhalt)
4 Portionen

Zutaten:
800 g Schweinerücken mit
  Schwarte, ohne Knochen
  (Schwarte kreuzweise ein-
  schneiden, evtl. beim Metzger
  vorbestellen)
Salz
frisch gemahlener Pfeffer
2 EL Speiseöl

1 kleiner Wirsing (etwa 400 g)
400 g festkochende Kartoffeln
1 Stange Porree (Lauch)
evtl. Kümmelsamen oder
  gemahlener Kümmel
200 g Schlagsahne

Zubereitungszeit: **40 Minuten**

Garzeit: **1 Stunde 50 Minuten**

1_ Schweinerücken mit Küchenpapier trocken tupfen und mit Salz und Pfeffer würzen.

2_ Speiseöl in einem Bräter erhitzen. Schweinerücken darin von allen Seiten knusprig anbraten.

3_ Von dem Wirsing die groben äußeren Blätter lösen. Den Wirsing vierteln und den Strunk herausschneiden. Wirsingviertel in Streifen schneiden, waschen und abtropfen lassen. Kartoffeln schälen, abspülen, abtropfen lassen und in Scheiben schneiden. Porree putzen, die Stange längs halbieren, gründlich waschen, abtropfen lassen und in Streifen schneiden.

4_ Wirsing-, Porreestreifen und Kartoffelscheiben in einer Schüssel mischen, mit Salz, Pfeffer und nach Belieben mit Kümmel würzen.

5_ Wirsing-Kartoffel-Porree-Mischung in einen gewässerten Römertopf geben, so dass eine kleine Mulde entsteht. Den Schweinerücken in die Mulde legen und mit dem verbliebenen Bratfett übergießen. Sahne hinzugießen.

6_ Den Römertopf mit dem Deckel verschließen und auf dem Rost in den kalten Backofen schieben.
Ober-/Unterhitze: etwa 220 °C (untere Einschubleiste)
Heißluft: etwa 200 °C
Garzeit: etwa 1 Stunde 40 Minuten.

7_ Den Deckel abnehmen und den Schweinerücken weitere etwa 10 Minuten bei gleicher Backofeneinstellung garen, damit die Schwarte knusprig wird.

Pro Portion: E: 46 g, F: 38 g, Kh: 16 g, kJ: 2527, kcal: 604

Tipp: Anstelle von Schweinerücken kann auch Spanferkelrücken verwendet werden. Weißkohl bzw. Sauerkraut oder Rotkohl eignen sich ebenfalls für dieses Gericht.

Kasselerfilet
auf pikantem Gemüse
Für Gäste

(Römertopf 3-Liter-Inhalt)
4 Portionen

Zutaten:
je 1 rote, gelbe und grüne
   Paprikaschote (etwa 600 g)
4 kleine, rote Zwiebeln
   (etwa 200 g)
Salz
frisch gemahlener Pfeffer
1 EL mittelscharfer Senf
3 EL süße Chilisauce
evtl. 1 Knoblauchzehe
2 Kasselerrückenfilets
   (etwa 600 g, beim Metzger
   vorbestellen)
2 EL Speiseöl
200 ml Gemüsebrühe oder -fond

Zubereitungszeit: 35 Minuten
Garzeit: etwa 60 Minuten

1_ Paprikaschoten halbieren, entstielen, entkernen und die weißen
Scheidewände entfernen. Schoten waschen, abtropfen lassen
und in grobe Würfel schneiden. Zwiebeln abziehen und jeweils in
etwa sechs gleich große Spalten schneiden.

2_ Paprikawürfel und Zwiebelspalten in einer Schüssel mischen,
mit Salz, Pfeffer, Senf und Chilisauce würzen. Nach Belieben
Knoblauch abziehen, in sehr kleine Würfel schneiden oder durch
eine Knoblauchpresse drücken und hinzufügen.

3_ Die Paprika-Zwiebel-Mischung in einen gewässerten Römertopf
geben.

4_ Kasselerfilets mit Küchenpapier trocken tupfen. Speiseöl in einer
Pfanne erhitzen. Kasselerfilets darin von allen Seiten anbraten,
herausnehmen und auf die Paprika-Zwiebel-Mischung in den
Römertopf legen. Brühe oder Fond hinzugießen.

5_ Den Römertopf mit dem Deckel verschließen und auf dem Rost
in den kalten Backofen schieben.
Ober-/Unterhitze: etwa 220 °C (untere Einschubleiste)
Heißluft: etwa 200 °C
Garzeit: etwa 60 Minuten.

Pro Portion: E: 29 g, F: 15 g, Kh: 12 g, kJ: 1300, kcal: 310

Tipp: Mit Schnittlauchröllchen bestreut und Schnittlauchhalmen
garniert servieren.

Chicorée-Apfel-Auflauf
Raffiniert

(Römertopf 3-Liter-Inhalt)
4 Portionen

Zutaten:
1 kg kleine, festkochende
   Kartoffeln
Salzwasser
4 Äpfel (etwa 400 g, z. B. Granny
   Smith oder Boskop)
250 g Chorizo am Stück
   (spanische Paprikawurst)
1 kleines Bund Thymian
4 Stauden Chicorée
Salz
frisch gemahlener Pfeffer

Für die Sauce:
60 g Butter
40 g Weizenmehl
125 ml (⅛ l) Milch
375 ml (⅜ l) Gemüsebrühe
80 g geriebener Parmesan

50 g geschälte Sonnenblumenkerne

Zubereitungszeit: **40 Minuten**
Garzeit: **etwa 60 Minuten**

1_ Kartoffeln unter fließendem kalten Wasser sehr gründlich
    abbürsten und abtropfen lassen. Kartoffeln längs vierteln und
    zugedeckt in kochendem Salzwasser 10–15 Minuten garen.
    Kartoffelviertel abgießen.

2_ Äpfel gründlich waschen, trocken tupfen, vierteln und das
    Kerngehäuse herausschneiden. Apfelviertel nochmals längs
    halbieren. Chorizo in grobe Würfel schneiden.

3_ Thymian abspülen und trocken tupfen. Die Blättchen von den
    Stängeln zupfen. Chicorée von den schlechten Blättern befreien.
    Chicorée längs halbieren und die bitteren Strünke keilförmig
    herausschneiden.

4_ Kartoffel-, Apfelspalten, Chorizowürfel und Thymianblättchen
    in einer Schüssel mischen, mit Salz und Pfeffer würzen. Die
    Mischung in einen gewässerten Römertopf geben. Vorbereitete
    Chicoréehälften darauf verteilen. Mit Salz und Pfeffer leicht
    würzen.

5_ Für die Sauce Butter in einem Topf zerlassen. Mehl darin unter
    Rühren so lange erhitzen, bis es hellgelb ist. Milch und Gemüse-
    brühe hinzugießen, mit einem Schneebesen gut durchschlagen.
    Dabei darauf achten, dass keine Klümpchen entstehen.
    Die Sauce zum Kochen bringen und bei schwacher Hitze etwa
    5 Minuten unter ständigem Rühren kochen lassen. Die Hälfte
    des Parmesan unterrühren, mit Salz und Pfeffer abschmecken.

6_ Die Sauce auf dem Auflauf verteilen. Mit restlichem Parmesan
    und Sonnenblumenkernen bestreuen.

7_ Den Römertopf mit dem Deckel verschließen und auf dem Rost
    in den kalten Backofen schieben.
    Ober-/Unterhitze: etwa 220 °C (untere Einschubleiste)
    Heißluft: etwa 200 °C
    Garzeit: etwa 60 Minuten.

    Pro Portion: E: 31 g, F: 47 g, Kh: 62 g, kJ: 3348, kcal: 799

Schweinebraten
mit buntem Gemüse
Für Gäste

Titelrezept
(Römertopf 4-Liter-Inhalt)
4 Portionen

Zutaten:
800 g Schweinebraten, z. B.
  Kotelettstück ohne Knochen
Salz
grob gestoßener bunter Pfeffer
2 EL Olivenöl
250 g kleine, rote Zwiebeln
Paprikapulver edelsüß
1 EL Thymianblättchen
½ Kopf Romanesco
2 Fenchelknollen
2 kleine Zucchini (etwa 250 g)
je 250 g gelbe und rote
  Cocktailtomaten
etwa 75 g kleine Kräuterseitlinge
375 ml (⅜ l) Fleischbrühe
Saft von ½ Zitrone

Zubereitungszeit: **40 Minuten**
Garzeit: **etwa 90 Minuten**

1_ Das Fleisch mit Küchenpapier trocken tupfen und mit Salz und Pfeffer einreiben. Olivenöl in einer Pfanne erhitzen und das Fleisch darin von allen Seiten gut anbraten.

2_ Zwiebeln abziehen, vierteln, zum Fleisch geben und kurz mit anbraten. Das Fleisch mit Paprikapulver und Thymian bestreuen.

3_ Romanesco putzen und Strunk abschneiden. Romanesco in kleine Röschen teilen, waschen, abtropfen lassen. Fenchel halbieren, vierteln und den Strunk entfernen. Fenchel waschen und abtropfen lassen. Zucchini waschen, abtrocknen und die Enden abschneiden. Zucchini halbieren und längs in etwa 1 cm dicke Scheiben schneiden.

4_ Cocktailtomaten waschen und abtropfen lassen. Kräuterseitlinge putzen, mit Küchenpapier abreiben, evtl. kurz abspülen und trocken tupfen.

5_ Das Gemüse in einen gewässerten Römertopf geben, mit Salz und Pfeffer bestreuen. Fleischbrühe mit Zitronensaft mischen und auf dem Gemüse verteilen. Das angebratene Fleisch mit den Zwiebeln daraufgeben. Den Römertopf mit dem Deckel verschließen und auf dem Rost in den kalten Backofen schieben.
Ober-/Unterhitze: etwa 220 °C (untere Einschubleiste)
Heißluft: etwa 200 °C
Garzeit: etwa 90 Minuten.

6_ Das Fleisch herausnehmen, auf eine vorgewärmte Platte legen, mit Alufolie zudecken und etwa 10 Minuten ruhen lassen. Das Fleisch in Scheiben schneiden und mit dem Gemüse servieren.

Pro Portion: E: 51 g, F: 16 g, Kh: 12 g, kJ: 1696, kcal: 404

Lammhaxen in Merlot
Mit Alkohol

(Römertopf 3-Liter-Inhalt)
4 Portionen

Zutaten:

10 dicke Möhren (etwa 650 g)
1 Bund Frühlingszwiebeln
(etwa 250 g)
einige kleine Stängel Thymian
Salz
frisch gemahlener Pfeffer
4 Lammhaxen (je etwa 400 g)
2 EL Speiseöl
200 ml Rotwein (Merlot)
200 ml Lammfond oder
Gemüsebrühe

Zubereitungszeit: **35 Minuten**
Garzeit: **etwa 90 Minuten**

1_ Möhren putzen, schälen, abspülen, abtropfen lassen und in Scheiben schneiden. Frühlingszwiebeln putzen, waschen, abtropfen lassen und in 3 cm lange Stücke schneiden. Thymian abspülen und trocken tupfen.

2_ Die vorbereiteten Zutaten in einer Schüssel mischen. Mit Salz und Pfeffer würzen.

3_ Lammhaxen mit Küchenpapier trocken tupfen und mit Salz und Pfeffer würzen.

4_ Speiseöl in einer großen Pfanne erhitzen. Lammhaxen darin von allen Seiten anbraten und herausnehmen. Den Bratensatz mit Wein und Fond oder Brühe ablöschen und aufkochen lassen.

5_ Die Gemüsemischung in einen gewässerten Römertopf geben. Lammhaxen darauf verteilen und mit der Bratenflüssigkeit übergießen.

6_ Den Römertopf mit dem Deckel verschließen und auf dem Rost in den kalten Backofen schieben.
Ober-/Unterhitze: 200–220 °C (untere Einschubleiste)
Heißluft: 180–200 °C
Garzeit: etwa 90 Minuten.

Pro Portion: E: 61 g, F: 15 g, Kh: 12 g, kJ: 1906, kcal: 456

Tipp: Sie können 6 der Möhren durch ½ Steckrübe (etwa 400 g) ersetzen. Steckrübenhälfte schälen, abspülen, abtropfen lassen, dritteln und in Scheiben schneiden. Lammhaxen zum Schluss evtl. kurz übergrillen.

Lammschulter
auf dicken, weißen Bohnen
Für Gäste

(Römertopf 3-Liter-Inhalt)
4 Portionen

Zutaten:
800 g Lammschulter, ohne
    Knochen (beim Metzger
    vorbestellen)
1 EL grüne Pfefferkörner, in Lake
1 EL Estragonsenf
2 Stängel Rosmarin
Salz
frisch gemahlener Pfeffer
2 EL Olivenöl
2 Möhren (etwa 250 g)
1 Dose dicke, weiße Bohnen
    (Abtropfgewicht 500 g)
1 Glas grüne Oliven, mit
    Mandeln gefüllt
    (Abtropfgewicht 125 g)
2 Knoblauchzehen

Zum Garnieren:
Rosmarinstängel
eingelegter grüner Pfeffer

Außerdem:
Küchengarn

Zubereitungszeit: **30 Minuten**
Garzeit: **etwa 90 Minuten**

1_ Lammschulter mit Küchenpapier trocken tupfen.

2_ Grüne Pfefferkörner abtropfen lassen und mit einer Gabel zu
einer groben Paste zerdrücken, Estragonsenf unterrühren.
Rosmarin abspülen und trocken tupfen.

3_ Die Lammschulter mit der Pfefferpaste bestreichen, mit Salz
würzen und mit Rosmarinstängeln belegen.

4_ Die Lammschulter zu einem Rollbraten aufrollen und mit
Küchengarn umwickeln. Mit Salz und Pfeffer bestreuen.

5_ Olivenöl in einer Pfanne erhitzen. Den Rollbraten darin von allen
Seiten gut anbraten.

6_ Möhren putzen, schälen, abspülen, abtropfen lassen und in
Würfel schneiden. Möhren, die Bohnen mit der Flüssigkeit und
die gefüllten Oliven in einer Schüssel mischen. Knoblauch abziehen, klein schneiden und hinzugeben. Mit Salz und Pfeffer würzen. Die Möhren-Bohnen-Oliven-Mischung in einen gewässerten
Römertopf geben. Den Rollbraten darauflegen.

7_ Den Römertopf mit dem Deckel verschließen und auf dem Rost
in den kalten Backofen schieben.
Ober-/Unterhitze: etwa 220 °C (untere Einschubleiste)
Heißluft: etwa 200 °C
Garzeit: etwa 90 Minuten.

8_ Die Lammschulter mit abgespülten, trocken getupften
Rosmarinstängeln und gehacktem grünen Pfeffer garnieren.

Pro Portion: E: 48 g, F: 24 g, Kh: 23 g, kJ: 2109, kcal: 503

Tipp: Anstelle von Lammschulter kann auch Lammkeule verwendet werden. Lammkeule sollte dann aber von Ihrem Metzger hohl
ausgelöst werden (d. h. ohne Knochen, aber nicht aufgeschnitten).
In die „Höhle" können dann die Rosmarinstängel gesteckt und
kann die Pfefferpaste hineingegeben werden. Das Binden des
Fleisches würde sich dann erübrigen.

Lammhackbraten
auf dem Gemüsebett
Für Gäste

(Römertopf 3-Liter-Inhalt)
4 Portionen

Zutaten:
4 Scheiben Toastbrot
 (etwa 100 g)
100 g Schafkäse (Fetakäse)
4 Knoblauchzehen
1 kg Lammhackfleisch
3 Eier (Größe M)
Salz
frisch gemahlener Pfeffer

Für das Gemüsebett:
1 Bund Frühlingszwiebeln
 (etwa 250 g)
3 Tomaten (etwa 300 g)
1 Glas grüne, mit Paprika gefüllte
 Oliven (Abtropfgewicht 140 g)
1–2 Knoblauchzehen

Zubereitungszeit: **35 Minuten**
Garzeit: **90–100 Minuten**

1_ Toastbrotscheiben in kaltem Wasser einweichen. Schafkäse in kleine Würfel schneiden. Knoblauch abziehen und durch eine Knoblauchpresse drücken oder in kleine Würfel schneiden. Eingeweichte Brotscheiben ausdrücken.

2_ Lammhackfleisch in eine Schüssel geben. Käsewürfel, Knoblauch, Brotscheiben und Eier hinzugeben, gut unterarbeiten. Mit Salz und Pfeffer würzen. Die Fleischmasse halbieren und mit angefeuchteten Händen jeweils einen ovalen Laib formen.

3_ Für das Gemüsebett Frühlingszwiebeln putzen, waschen, abtropfen lassen und in kleine Stücke schneiden. Tomaten waschen, trocken tupfen, vierteln und entkernen. Tomatenviertel ebenfalls in kleine Stücke schneiden. Oliven auf einem Sieb abtropfen lassen. Knoblauch abziehen und in kleine Würfel schneiden.

4_ Die Gemüsezutaten in einer Schüssel mischen, mit Salz und Pfeffer würzen. Die Gemüsemischung in einen gewässerten Römertopf geben. Die Fleischlaibe darauflegen.

5_ Den Römertopf mit dem Deckel verschließen und auf dem Rost in den kalten Backofen schieben.
Ober-/Unterhitze: etwa 220 °C (untere Einschubleiste)
Heißluft: etwa 200 °C
Garzeit: 90–100 Minuten.

Pro Portion: E: 59 g, F: 45 g, Kh: 19 g, kJ: 3025, kcal: 722

Tipp: Hackbraten zum Schluss evtl. kurz übergrillen. Zu dem Hackbraten Tsatsiki und warmes Baguette reichen.

Auflauf vom Lammhaxenfleisch

Etwas teurer

(Römertopf 3-Liter-Inhalt)
4 Portionen

Zutaten:

1 kg Lammhaxenfleisch oder
   Lammschulter (ohne Knochen)
400 g festkochende Kartoffeln
400 g Möhren
1 Gemüsezwiebel (etwa 150 g)
3 Knoblauchzehen
1 kleines Bund Thymian
4 Stängel Rosmarin
4 EL Olivenöl
Salz
frisch gemahlener Pfeffer
300 ml Rinderbrühe
2 Eier (Größe M)
200 g Schlagsahne
200 g Joghurt

einige Stängel Rosmarin

Zubereitungszeit: **60 Minuten**
Garzeit: **etwa 80 Minuten**

1_ Lammfleisch mit Küchenpapier trocken tupfen und in größere Würfel schneiden.

2_ Kartoffeln schälen, abspülen, abtropfen lassen und in Würfel schneiden. Möhren putzen, schälen, abspülen, abtropfen lassen und in Scheiben schneiden. Zwiebel und Knoblauch abziehen. Zwiebel halbieren, mit dem Knoblauch in kleine Würfel schneiden.

3_ Thymian und Rosmarin abspülen und trocken tupfen. Die Blättchen und Nadeln von den Stängeln abzupfen.

4_ Olivenöl in einem Bräter erhitzen. Lammfleischwürfel mit Salz und Pfeffer würzen, in den Bräter geben und unter mehrmaligem Wenden etwa 35 Minuten anbraten. Kartoffelwürfel, Möhrenscheiben, Zwiebel-, Knoblauchwürfel, Thymianblättchen und Rosmarinnadeln hinzufügen, evtl. mit Salz und Pfeffer würzen. Die Zutaten weitere etwa 25 Minuten unter gelegentlichem Wenden schmoren lassen.

5_ Brühe hinzugießen, zum Kochen bringen. Die Flüssigkeit etwa 10 Minuten einkochen lassen.

6_ Eier mit Sahne und Joghurt verschlagen, mit Salz und Pfeffer würzen.

7_ Die Fleisch-Gemüse-Masse in einen gewässerten Römertopf geben. Den Eier-Joghurt-Sahne-Guss darauf verteilen. Den Römertopf mit dem Deckel verschließen und auf dem Rost in den kalten Backofen schieben.
Ober-/Unterhitze: etwa 220 °C (untere Einschubleiste)
Heißluft: etwa 200 °C
Garzeit: etwa 80 Minuten.

8_ Rosmarin abspülen und trocken tupfen. Auflauf mit Rosmarinstängeln garnieren und servieren.

Pro Portion: E: 62 g, F: 39 g, Kh: 22 g, kJ: 2928, kcal: 700

Schnittlauchfleisch

Dauert etwas länger

(Römertopf 3-Liter-Inhalt)
4 Portionen

Zutaten:
800 g mageres Rindfleisch aus
 der Hüfte (Tafelspitz)
Salz
frisch gemahlener Pfeffer
4 Möhren (etwa 350 g)
1 Stck. Petersilienwurzel oder
 1 kleines Bund glatte Petersilie
½ Kopf Wirsing (etwa 250 g)
400 g festkochende Kartoffeln
2 Bund Schnittlauch
500 ml (½ l) Instant-Brühe

Zubereitungszeit: **40 Minuten**
Garzeit: **2 Stunden 25 Minuten**

1_ Rindfleisch mit Küchenpapier trocken tupfen und mit Salz und
Pfeffer würzen.

2_ Möhren putzen, schälen, abspülen, abtropfen lassen und in
Scheiben schneiden. Petersilienwurzel schälen und in Scheiben
schneiden oder glatte Petersilie abspülen und trocken tupfen.
Die Blättchen von den Stängeln zupfen. Vom Wirsing die groben
äußeren Blätter entfernen. Wirsing halbieren und den Strunk
herausschneiden. Wirsinghälfte in grobe Würfel schneiden,
abspülen und abtropfen lassen.

3_ Kartoffeln schälen, abspülen, abtropfen lassen und in Würfel
schneiden.

4_ Schnittlauch abspülen, trocken tupfen, etwas Schnittlauch zum
Garnieren beiseitelegen und den Rest in etwa 3 cm lange Stücke
schneiden.

5_ Die vorbereiteten Gemüsezutaten in einer Schüssel mischen, mit
Salz und Pfeffer würzen, in einen gewässerten Römertopf geben
und gleichzeitig eine Vertiefung drücken. Rindfleisch in die
Vertiefung legen, die Brühe angießen.

6_ Den Römertopf mit dem Deckel verschließen und auf dem Rost
in den kalten Backofen schieben.
Ober-/Unterhitze: 180–200 °C (untere Einschubleiste)
Heißluft: 160–180 °C
Garzeit: 2 Stunden 25 Minuten.

7_ Schnittlauchfleisch mit den beiseite gelegten Schnittlauchhalmen garnieren.

Pro Portion: E: 47 g, F: 5 g, Kh: 18 g, kJ: 1311, kcal: 314

Kalbshaxe
mit jungen Gemüsen
Für Kinder

(Römertopf 3-Liter-Inhalt)
4 Portionen

Zutaten:
1 ganze Kalbshaxe mit Knochen
  (etwa 1,4 kg)
Salz
frisch gemahlener Pfeffer
2 EL Speiseöl
1 Bund junge Möhren
  (etwa 300 g)
2 junge Kohlrabi (etwa 300 g)
2 junge Knollensellerie
  (etwa 300 g)
1 Bund Petersilie
einige Stängel Oregano
40 g Knoblauchbutter
200 ml Kalbsfond oder Fleischbrühe

Zubereitungszeit: **45 Minuten**
Garzeit: **etwa 2 Stunden**

1_ Kalbshaxe mit Küchenpapier trocken tupfen und mit Salz und Pfeffer würzen.

2_ Speiseöl in einer Pfanne erhitzen und die Kalbshaxe darin von allen Seiten kräftig anbraten.

3_ Möhren, Kohlrabi und Sellerie putzen, schälen, abspülen und trocken tupfen. Sellerie und Kohlrabi halbieren und in Spalten schneiden. Möhren in Dreiecke schneiden. Petersilie und Oregano abspülen und trocken tupfen. Oreganostängel und einige Petersilienzweige beiseitelegen. Von der Petersilie die Blättchen von den Stängeln zupfen.

4_ Gemüsewürfel mit den Petersilienblättchen in einer Schüssel mischen. Mit Salz und Pfeffer würzen. Gemüsewürfelmischung in einen gewässerten Römertopf geben, so dass eine Mulde entsteht.

5_ Die angebratene Kalbshaxe in die Mulde legen, mit dem verbliebenen Bratfett und der Knoblauchbutter bestreichen. Kalbsfond oder Brühe hinzugießen und einige der beiseite gelegten Oreganostängel hinzufügen.

6_ Den Römertopf mit dem Deckel verschließen und auf dem Rost in den kalten Backofen schieben.
Ober-/Unterhitze: etwa 220 °C (untere Einschubleiste)
Heißluft: etwa 200 °C
Garzeit: etwa 2 Stunden.

7_ Das fertige Gericht mit den restlichen beiseite gelegten Oreganostängeln und Petersilienzweigen garnieren.

Pro Portion: E: 49 g, F: 21 g, Kh: 7 g, kJ: 1749, kcal: 420

Tipp: Sie können die Haxe nach Ende der Garzeit kurz übergrillen, dann wird sie knuspriger. Statt der ganzen Haxe können Sie auch Haxenscheiben verwenden. Eventuell beim Metzger vorbestellen.

Roastbeef in Malzbier

Raffiniert

(Römertopf 3-Liter-Inhalt)
4 Portionen

Zutaten:
800 g Roastbeef
2 EL Speiseöl
1 EL Estragonsenf
400 g Staudensellerie
1 Bund Frühlingszwiebeln
(etwa 250 g)
3 Knoblauchzehen
Salz
frisch gemahlener Pfeffer
200 ml Malzbier

Zum Garnieren:
etwas Selleriegrün
Estragon

Zubereitungszeit: **40 Minuten,
ohne Abkühlzeit**
Garzeit: **50–60 Minuten**

1_ Roastbeef mit Küchenpapier trocken tupfen, evtl. die Fettkante entfernen.

2_ Speiseöl in einer Pfanne erhitzen. Roastbeef darin von allen Seiten anbraten, herausnehmen, etwas abkühlen lassen und mit Estragonsenf bestreichen.

3_ Staudensellerie putzen und die harten Außenfäden abziehen. Sellerie waschen, abtropfen lassen und in etwa 3 cm lange Stücke schneiden. Frühlingszwiebeln putzen, waschen, abtropfen lassen und ebenfalls in 3 cm lange Stücke schneiden. Knoblauch abziehen und sehr klein schneiden.

4_ Sellerie- und Frühlingszwiebelstücke in einer Schüssel mischen. Knoblauch hinzugeben. Mit Salz und Pfeffer würzen.

5_ Die Gemüsemischung in einen gewässerten Römertopf geben. Roastbeef darauflegen und Malzbier hinzugießen. Den Römertopf mit dem Deckel verschließen und auf dem Rost in den kalten Backofen schieben.
Ober-/Unterhitze: etwa 200 °C (untere Einschubleiste)
Heißluft: etwa 180 °C
Garzeit: 50–60 Minuten.

6_ Selleriegrün und Estragonzweige abspülen, trocken tupfen und das Roastbeef damit garnieren.

Pro Portion: E: 47 g, F: 12 g, Kh: 12 g, kJ: 1468, kcal: 350

Tipp: Anstelle von Roastbeef gut abgehangene Rinderhüfte verwenden.

Exotische Entenbrust
Raffiniert

(Römertopf 3-Liter-Inhalt)
4 Portionen

Zutaten:
2 Fenchelknollen (etwa 400 g)
2 Zucchini (etwa 400 g)
1 kleines Stück Ingwerwurzel
2 Knoblauchzehen
1 Topf Koriander

2 kleine Entenbrustfilets
   (etwa 600 g)
2 EL Speiseöl
80 g Erdnusskerne
200 g Risottoreis
Salz
frisch gemahlener Pfeffer
5-Gewürze-Pulver
   (asiatische Gewürzmischung)

Für die Sauce:
200 ml Geflügelbrühe
3 EL Sojasauce
2 EL flüssiger Bienenhonig
1 TL Speisestärke
Chiliflocken

Zubereitungszeit: **40 Minuten**
Garzeit: **etwa 70 Minuten**

1_ Von den Fenchelknollen die Stiele dicht oberhalb der Knollen abschneiden. Braune Stellen und Blätter entfernen. Knollen waschen und abtropfen lassen. Zucchini waschen, abtrocknen und die Enden abschneiden. Fenchelknollen und Zucchini zuerst vierteln, dann in nicht zu große Stücke schneiden.

2_ Ingwer schälen, Knoblauch abziehen. Ingwer und Knoblauch in kleine Würfel schneiden. Koriander abspülen und trocken tupfen. Die Blättchen von den Stängeln zupfen (einige Blättchen zum Garnieren beiseitelegen). Blättchen klein schneiden.

3_ Entenbrustfilets unter fließendem kalten Wasser abspülen und trocken tupfen. Die Filets zunächst längs halbieren, dann in 1–2 cm breite Scheiben schneiden.

4_ Speiseöl in einem Bräter erhitzen. Zuerst die Filetstreifen, dann Fenchel- und Zucchinistücke darin anbraten. Erdnusskerne und Reis hinzufügen. Die Zutaten etwa 10 Minuten unter Wenden braten lassen. Ingwer-, Knoblauchwürfel und Koriander unterrühren. Mit Salz, Pfeffer und Würzmischung kräftig würzen.

5_ Für die Sauce Geflügelbrühe, Sojasauce und Honig in einem Topf erhitzen. Speisestärke mit etwas Wasser anrühren, in die Brühe rühren und unter Rühren aufkochen lassen. Die Sauce mit Chiliflocken und Pfeffer würzen.

6_ Die Fleisch-Gemüse-Reis-Masse in einen gewässerten Römertopf geben. Die Sauce darauf verteilen. Den Römertopf mit dem Deckel verschließen und auf dem Rost in den kalten Backofen schieben.
Ober-/Unterhitze: etwa 220 °C (untere Einschubleiste)
Heißluft: etwa 200 °C
Garzeit: etwa 70 Minuten.

7_ Den Auflauf mit den beiseite gelegten Korianderblättchen garnieren.

Pro Portion: E: 40 g, F: 41 g, Kh: 55 g, kJ: 3170, kcal: 756

Honigente auf Spitzkohl

Raffiniert

(Römertopf 3-Liter-Inhalt)
4 Portionen

Zutaten:
1 Spitzkohl (etwa 800 g)
1 Zwiebel (etwa 100 g)
40 g Butter oder Butterschmalz
Salz
frisch gemahlener Pfeffer

2 große oder 4 kleine Entenbrustfilets (etwa 800 g)
1 EL Speiseöl
2 EL flüssiger Bienenhonig
100 ml Gemüsebrühe oder -fond

2 EL Crema di Balsamico

Zum Garnieren:
etwas Kerbel

Zubereitungszeit: **45 Minuten**
Garzeit: **etwa 70 Minuten**

1_ Spitzkohl putzen, vierteln und den Strunk herausschneiden.
    Spitzkohl in Streifen schneiden, waschen und gut abtropfen
    lassen. Zwiebel abziehen und in kleine Würfel schneiden.

2_ Butter oder Butterschmalz in einem Topf zerlassen. Zwiebel-
    würfel und Spitzkohlstreifen darin etwa 3 Minuten andünsten.
    Mit Salz und Pfeffer würzen. Spitzkohl in einen gewässerten
    Römertopf geben.

3_ Entenbrustfilets unter fließendem kalten Wasser abspülen,
    trocken tupfen und die Haut der Länge nach in schmalen Ab-
    ständen einritzen. Entenbrustfilets mit Salz und Pfeffer würzen.

4_ Speiseöl in einer Pfanne erhitzen. Entenbrustfilets darin zuerst
    auf der Hautseite kräftig anbraten, wenden und ebenfalls kräftig
    anbraten. Entenbrustfilets herausnehmen, auf den Spitzkohl
    legen und mit Honig bestreichen oder beträufeln. Brühe oder
    Fond hinzugießen.

5_ Den Römertopf mit dem Deckel verschließen und auf dem Rost
    in den kalten Backofen schieben.
    Ober-/Unterhitze: etwa 220 °C (untere Einschubleiste)
    Heißluft: etwa 200 °C
    Garzeit: etwa 70 Minuten.

6_ Wenn die Entenbrustfilets saftiger und noch rosa sein sollen,
    dann nur etwa 45 Minuten bei der angegebenen Backofen-
    temperatur garen.

7_ Die Entenbrustfilets mit etwas Crema di Balsamico beträufeln
    und mit abgespülten, trocken getupften Kerbelblättchen
    garnieren.

    Pro Portion: E: 40 g, F: 44 g, Kh: 13 g, kJ: 2551, kcal: 609

    Tipp: Für dieses Gericht eignen sich auch Gänsebrustfilets (die
    Garzeit verlängert sich um 10–15 Minuten, falls die Gänsebrust-
    filets dicker sein sollten) oder Brustfilets von der Maispoularde
    (Garzeit etwa 45 Minuten).

Glasierte Orangenente
Klassisch

(Römertopf 4-Liter-Inhalt)
4 Portionen

Zutaten:
1 küchenfertige Ente
   (etwa 1,4 kg)
Salz
frisch gemahlener Pfeffer
2 kleine Bio-Orangen
   (unbehandelt)
2 mittelgroße Zwiebeln
½ Topf Basilikum
Wasser

4 EL feste Orangenmarmelade
   (etwa 120 g)
etwa ½ Tasse Wasser
1 Glas Enten- oder Geflügelfond
   (etwa 375 ml)
1–2 TL Speisestärke
Butter
½ Topf Basilikum

Zubereitungszeit: **30 Minuten**
Garzeit: **etwa 2 Stunden**

1_ Die Ente innen und außen waschen, trocken tupfen, von innen und außen mit Salz und Pfeffer einreiben.

2_ Orangen heiß abwaschen, abtrocknen, achteln. Zwiebeln abziehen, ebenfalls achteln. Basilikum abspülen, trocken tupfen, mit den Stängeln klein schneiden und mit den Orangen- und Zwiebelachteln vermengen. Die Bauchhöhle der Ente damit füllen.

3_ Die Ente auf eine Keulenseite in einen gewässerten Römertopf legen, so viel Wasser hinzugießen, dass der Boden etwa 1 cm hoch bedeckt ist. Den Römertopf mit dem Deckel verschließen und auf dem Rost in den kalten Backofen schieben.
Ober-/Unterhitze: etwa 200 °C (untere Einschubleiste)
Heißluft: etwa 180 °C
Garzeit: etwa 2 Stunden.

4_ Orangenmarmelade mit Wasser in einem kleinen Topf unter Rühren aufkochen lassen. Nach 60 Minuten Garzeit die Ente auf die andere Keulenseite drehen und weitere 60 Minuten mit Deckel garen. Die Ente während des Garens 1–2-mal mit der Marmelade bestreichen. 20 Minuten vor Beendigung der Garzeit den Deckel vom Römertopf nehmen. Ente nochmals mit Marmelade bestreichen und ohne Deckel fertig garen.

5_ Die gare Ente auf den Rücken legen (die Brust soll nach oben zeigen) und mit der Fleischgabel die Haut einstechen, damit das Fett herauslaufen kann. Die Ente herausnehmen und warm stellen.

6_ Von dem Bratenfond das Fett abschöpfen. Bratenfond mit dem Entenfond in einem Topf zum Kochen bringen und etwa um die Hälfte einkochen lassen. Speisestärke mit etwas Wasser anrühren, unter Rühren in den Fond geben und kurz aufkochen lassen. Mit Salz, Pfeffer und Butter abschmecken.

7_ Basilikum abspülen und trocken tupfen. Die Blättchen von den Stängeln zupfen, in feine Streifen schneiden und unter die Sauce rühren. Die Ente tranchieren und mit der Sauce servieren.

Pro Portion: E: 53 g, F: 24 g, Kh: 28 g, kJ: 2262, kcal: 536

Beilage: Spätzle aus dem Kühlregal und Zuckermöhrchen.

Entenkeule süß-sauer

Für Gäste

(Römertopf 4-Liter-Inhalt)
4 Portionen

Zutaten:

4 Entenkeulen (je etwa 250 g)
Salz
frisch gemahlener Pfeffer
1 Glas Silberzwiebeln
  (Abtropfgewicht 220 g)
120 g abgezogene, ganze
  Mandeln
1 Prise Zucker
400 ml Enten- oder Geflügelfond
  (aus dem Glas)
2 EL zerlassene Butter
Puderzucker
1 Bund glatte Petersilie
2 EL Butter
1 EL Balsamico-Essig

Zubereitungszeit:
etwa 25 Minuten
Garzeit: **70–80 Minuten**

1_ Von den Entenkeulen evtl. restliche Federn entfernen. Entenkeulen unter fließendem kalten Wasser abspülen, trocken tupfen
und mit Salz und Pfeffer einreiben. Silberzwiebeln auf einem
Sieb abtropfen lassen.

2_ Silberzwiebeln mit Mandeln und Zucker in einen gewässerten
Römertopf geben und vermengen. Entenkeulen nebeneinander
auf die Zwiebel-Mandel-Mischung legen. Fond hinzugießen.
Den Römertopf mit dem Deckel verschließen und auf dem Rost
in den kalten Backofen schieben.
Ober-/Unterhitze: etwa 220 °C (untere Einschubleiste)
Heißluft: etwa 200 °C
Garzeit: 70–80 Minuten.

3_ Nach etwa 55 Minuten Garzeit den Deckel abnehmen. Entenkeulen mit Butter bestreichen und mit Puderzucker bestäuben.
Die Entenkeulen ohne Deckel fertig garen. Die Keulen sollen
schön knusprig braun sein.

4_ Entenkeulen herausnehmen und auf einer vorgewärmten Platte
mit den Zwiebeln und Mandeln anrichten. Das Fett von der
Sauce abschöpfen.

5_ Petersilie abspülen und trocken tupfen. Die Blättchen von den
Stängeln zupfen und in Streifen schneiden. Butter, Essig und
Petersilienstreifen unter die Sauce rühren. Die Entenkeulen mit
der Sauce servieren.

Pro Portion: E: 48 g, F: 43 g, Kh: 7 g, kJ: 2530, kcal: 601

Zigeunerhuhn mit Paprika
Für Kinder

(Römertopf 4-Liter-Inhalt)
4 Portionen

Zutaten:
1 Poularde
 (küchenfertig, etwa 1,5 kg)
Salz
frisch gemahlener Pfeffer
1 geh. EL Paprikapulver edelsüß
150 g Zwiebeln
2 Knoblauchzehen
je 2 große rote und gelbe
 Paprikaschoten
2 Zweige Thymian
2 Zweige Rosmarin
2 EL Olivenöl

2 EL Rosinen
2 EL Pinienkerne

Zubereitungszeit: **40 Minuten**
Garzeit: **etwa 90 Minuten**

1_ Poularde in acht Stücke teilen (Brust und Keulen jeweils halbieren). Poulardenstücke unter fließendem kalten Wasser abspülen und trocken tupfen. Mit Salz, Pfeffer und Paprika einreiben.

2_ Zwiebeln und Knoblauch abziehen. Zwiebeln in große Würfel schneiden, Knoblauch durch eine Knoblauchpresse drücken. Paprikaschoten halbieren, entstielen, entkernen und die weißen Scheidewände entfernen. Schotenhälften abspülen, trocken tupfen und in mundgerechte Stücke schneiden. Thymian und Rosmarin abspülen und trocken tupfen.

3_ Poulardenstücke, Zwiebelwürfel, Knoblauch und Paprikastücke in einen gewässerten Römertopf geben und gut vermengen. Olivenöl, Thymian und Rosmarin unterrühren. Mit Salz und Pfeffer würzen.

4_ Den Römertopf mit dem Deckel verschließen und auf dem Rost in den kalten Backofen schieben.
Ober-/Unterhitze: etwa 200 °C (untere Einschubleiste)
Heißluft: etwa 180 °C
Garzeit: etwa 90 Minuten.

5_ Nach etwa 75 Minuten Garzeit Rosinen und Pinienkerne in den Römertopf geben und weitere 15 Minuten ohne Deckel garen.

Pro Portion: E: 60 g, F: 35 g, Kh: 18 g, kJ: 2635, kcal: 630

Beilage: Röstkartoffeln.

Tomatisierte Poularde mit Oliven
Für Gäste

(Römertopf 4-Liter-Inhalt)
4 Portionen

Zutaten:
1 Poularde
(küchenfertig, etwa 1,2 kg)
Salz
4 rote Zwiebeln
4 Knoblauchzehen
2 EL Olivenöl
2 EL Tomatenmark
100 ml Hühnerbrühe
1 große Dose abgezogene
Tomaten (800 g)
frisch gemahlener Pfeffer
1 Bund Thymian
1 Lorbeerblatt
20 Kirschtomaten
je 1 Glas schwarze und grüne
Oliven mit Stein
(Einwaage je 85 g)

Zubereitungszeit: **35 Minuten**
Garzeit: **70–75 Minuten**

1_ Poularde in 8 Stücke teilen (Brust und Keulen jeweils halbieren). Die Poulardenstücke unter fließendem kalten Wasser abspülen, trocken tupfen und mit Salz einreiben.

2_ Zwiebeln und Knoblauch abziehen. Zwiebeln in Spalten schneiden. Knoblauch durch eine Knoblauchpresse drücken. Olivenöl in einem großen Topf erhitzen. Zwiebelspalten und Knoblauch darin glasig dünsten. Tomatenmark hinzugeben und kurz mit andünsten. Brühe hinzugießen. Tomaten in Würfel schneiden und mit dem Saft unterrühren. Mit Salz und Pfeffer würzen. Die Poulardenstücke mit der Brühe in einen gewässerten Römertopf geben.

3_ Thymian abspülen und trocken tupfen. Die Hälfte der Thymianzweige und das Lorbeerblatt zur Brühe in den Römertopf geben. Den Römertopf mit dem Deckel verschließen und auf dem Rost in den kalten Backofen schieben.
Ober-/Unterhitze: etwa 200 °C (untere Einschubleiste)
Heißluft: etwa 180 °C
Garzeit: 70–75 Minuten.

4_ Tomaten waschen, trocken tupfen und evtl. Stängelansätze herausschneiden. Restlichen Thymian klein hacken. Oliven abtropfen lassen.

5_ Nach etwa 60 Minuten Garzeit Thymianzweige herausnehmen und den gehackten Thymian unterrühren. Tomatenhälften und Oliven ebenfalls hinzufügen, gut durchrühren und ohne Deckel weitere 10–15 Minuten garen.

Pro Portion: E: 49 g, F: 37 g, Kh: 12 g, kJ: 2415, kcal: 575

Beilage: Pappardelle (breite Bandnudeln) oder Lorbeerkartoffeln.

Zitronenhähnchen

Einfach

(Römertopf 3-Liter-Inhalt)
4 Portionen

Zutaten:
1,1 kg Hähnchenbrust und -keule
Salz
Zitronenpfeffer
2 EL Speiseöl
400 g festkochende Kartoffeln
4 Möhren (etwa 400 g)
6 Stängel Zitronenthymian
100 ml Geflügelbrühe
200 g Schlagsahne

Zubereitungszeit: **30 Minuten**
Garzeit: **etwa 60 Minuten**

1_ Hähnchenfleischstücke nochmals halbieren. Anschließend unter fließendem kalten Wasser abspülen und trocken tupfen. Mit Salz und Zitronenpfeffer würzen.

2_ Speiseöl in einer Pfanne erhitzen und Hähnchenteile darin von allen Seiten anbraten.

3_ Kartoffeln schälen, abspülen, abtropfen lassen und in gleich große Würfel schneiden. Möhren putzen, schälen, abspülen, abtropfen lassen und in dickere Scheiben schneiden.

4_ Thymian abspülen und trocken tupfen. Die Blättchen von den Stängeln zupfen. Blättchen klein schneiden.

5_ Kartoffelwürfel, Möhrenscheiben und Thymian in einer Schüssel mischen, mit Salz und Zitronenpfeffer würzen.

6_ Die Kartoffel-Möhren-Mischung in einen gewässerten Römertopf geben. Die Hähnchenteile darauflegen. Geflügelbrühe und Sahne hinzugießen. Den Römertopf mit dem Deckel verschließen und auf dem Rost in den kalten Backofen schieben.
Ober-/Unterhitze: etwa 220 °C (untere Einschubleiste)
Heißluft: etwa 200 °C
Garzeit: etwa 60 Minuten.

Pro Portion: E: 58 g, F: 46 g, Kh: 17 g, kJ: 3018, kcal: 721

Tipp: Den Deckel des Römertopfes nach etwa 40 Minuten Garzeit entfernen. Die Hähnchenteile mit 100 g geriebenem Gouda-Käse bestreuen und bei Ober-/Unterhitze: etwa 240 °C oder unter dem vorgeheizten Backofengrill etwa 10 Minuten überbacken.

Hähnchen-Gemüse-Topf

Kalorienarm

(Römertopf 3-Liter-Inhalt)
4 Portionen

Zutaten:
3 Hähnchenbrustfilets
  (etwa 500 g)
300 g Champignons
400 g Möhren
1 Stange Porree
  (Lauch, etwa 300 g)
Salz
frisch gemahlener Pfeffer
1 gestr. TL Paprikapulver edelsüß
250 ml (¼ l) Gemüsebrühe
150 g saure Sahne (10 % Fett)
1–2 EL heller Saucenbinder

1 Bund Kerbel

Zubereitungszeit: **35 Minuten**
Garzeit: **etwa 60 Minuten**

1_ Hähnchenbrustfilets unter fließendem kalten Wasser abspülen, trocken tupfen, in breite Streifen oder kleine Würfel schneiden.

2_ Champignons putzen, mit Küchenpapier abreiben, evtl. abspülen, abtropfen lassen und vierteln. Möhren putzen, schälen, waschen, abtropfen lassen und in kleine Würfel schneiden. Porree putzen, die Stange längs halbieren, gründlich waschen, abtropfen lassen und in Streifen schneiden.

3_ Hähnchenbrustfiletstreifen oder -würfel, Champignonviertel, Möhrenwürfel und Porreestreifen in einen gewässerten Römertopf geben und gut vermengen. Mit Salz, Pfeffer und Paprika würzen. Brühe hinzugießen.

4_ Den Römertopf mit dem Deckel verschließen und auf dem Rost in den kalten Backofen schieben.
Ober-/Unterhitze: etwa 200 °C (untere Einschubleiste)
Heißluft: etwa 180 °C
Garzeit: etwa 60 Minuten.

5_ Den Hähnchen-Gemüse-Topf nach der Hälfte der Garzeit umrühren.

6_ Saure Sahne mit Saucenbinder anrühren und unter den Hähnchen-Gemüse-Topf rühren. Nochmals mit Salz, Pfeffer und Paprika abschmecken.

7_ Kerbel abspülen und trocken tupfen. Die Blättchen von den Stängeln zupfen. Den Hähnchen-Gemüse-Topf mit Kerbelblättchen bestreut servieren.

Pro Portion: E: 36 g, F: 5 g, Kh: 10 g, kJ: 958, kcal: 229

Tipp: Schmeckt auch sehr gut mit Putenbrustfilet.

Maishuhnbrüste
mit Mango gefüllt
Etwas teurer

(Römertopf 4-Liter-Inhalt)
4 Portionen

Zutaten:
4 Maishuhnbrüste
   (die Maishuhnpoularde hat
   dicke, fleischige Brüste) oder
   8 kleine Hähnchenbrustfilets
Salz
frisch gemahlener Pfeffer
1 kleine reife Mango
1 Pck. (200 g) körniger Frischkäse
   (Hüttenkäse)
2 EL Speiseöl

Für die Minze-Joghurt-Sauce:
½ Bund Minze
500 ml Naturjoghurt
Chilipulver

Außerdem:
evtl. Holzstäbchen

Zubereitungszeit: **35 Minuten**
Garzeit: **55–60 Minuten**

1_ Maishuhnbrüste oder Hähnchenbrustfilets unter fließendem kalten Wasser abspülen und trocken tupfen. Von den dicken Enden der Maishuhnbrust zur Spitze hin mit einem langen, spitzen Messer eine Tasche schneiden, ohne die Brust dabei aufzuschneiden. Die Brüste innen und außen mit Salz und Pfeffer einreiben.

2_ Mango in der Mitte längs durchschneiden, das Fleisch vom Stein lösen, schälen und in sehr kleine Würfel schneiden. Mangowürfel mit dem Frischkäse verrühren, mit Salz und Pfeffer würzen.

3_ Die Mango-Frischkäse-Masse in einen Spritzbeutel mit mittelgroßer Lochtülle füllen und vorsichtig in die Taschen der Hühnerbrüste spritzen. Taschen nicht zu voll spritzen, da die Masse sonst beim Garen herausquillt. Evtl. mit Holzstäbchen feststecken.

4_ Die gefüllten Maishuhnbrüste mit dem Speiseöl in einen gewässerten Römertopf geben. Den Römertopf mit dem Deckel verschließen und auf dem Rost in den kalten Backofen schieben.
Ober-/Unterhitze: etwa 200 °C (untere Einschubleiste)
Heißluft: etwa 180 °C
Garzeit: 55–60 Minuten.

5_ Für die Sauce Minze abspülen und trocken tupfen. Die Spitzen der Minze abzupfen und zum Garnieren beiseitelegen. Die restlichen Blättchen von den Stängeln zupfen. Blättchen in feine Streifen schneiden. Joghurt in eine Schüssel geben und glatt rühren, Minzestreifen unterrühren. Mit Salz und Chili abschmecken. Sauce kalt stellen.

6_ Nach etwa 50 Minuten Garzeit den Deckel vom Römertopf abnehmen und die Maishuhnbrüste bei Ober-/Unterhitze: etwa 250 °C ohne Deckel in 5–10 Minuten fertig garen.

7_ Die garen Maishuhnbrüste herausnehmen, schräg halbieren und auf eine vorgewärmte Platte legen. Maishuhnbrüste mit den beiseite gelegten Minzespitzen garnieren und mit der Minze-Joghurt-Sauce sofort servieren.

Pro Portion: E: 61 g, F: 31 g, Kh: 16 g, kJ: 2507, kcal: 599

Tipp: Anstelle der kalten Minze-Joghurt-Sauce kann auch z. B. eine Currysauce gereicht werden.
Sie können auch Rinderfiletscheiben oder Rouladenfleisch verwenden.

Asiatische Hähnchenbrust mit Pilzen
Raffiniert

(Römertopf 3-Liter-Inhalt)
4 Portionen

Zutaten:
600 g Hähnchenbrustfilets
4 Möhren (etwa 400 g)
Salzwasser
2 Bund Frühlingszwiebeln
  (etwa 500 g)
350 g kleine Champignons
4 EL Speiseöl
2 Knoblauchzehen
1 Stück Ingwerwurzel
200 ml Asia-Sauce Sweet & Sour
  (erhältlich im Asialaden)
Salz
frisch gemahlener Pfeffer
Chiliflocken
2 EL flüssiger Bienenhonig
4 EL Sojasauce
100 g gesalzene, geröstete
  Erdnusskerne

Zubereitungszeit: **45 Minuten**
Garzeit: **etwa 50 Minuten**

1_ Hähnchenbrustfilets unter fließendem kalten Wasser abspülen, trocken tupfen und in mundgerechte Würfel schneiden.

2_ Möhren putzen, schälen, abspülen, abtropfen lassen und in Würfel schneiden. Möhrenwürfel in kochendem Salzwasser etwa 5 Minuten garen, auf ein Sieb geben, mit kaltem Wasser abschrecken und abtropfen lassen.

3_ Frühlingszwiebeln putzen, waschen, abtropfen lassen und in 3 cm lange Stücke schneiden. Champignons putzen, mit Küchenpapier abreiben, evtl. abspülen, trocken tupfen und halbieren.

4_ Speiseöl in einer Pfanne erhitzen. Zuerst die Fleischwürfel, dann das vorbereitete Gemüse darin leicht anbraten.

5_ Knoblauch abziehen, Ingwer schälen und Knoblauch und Ingwer in sehr kleine Würfel schneiden.

6_ Angebratene Fleisch-Gemüse-Mischung mit der Asia-Sauce in einer Schüssel mischen. Mit Salz, Pfeffer, Chiliflocken, Knoblauch-, Ingwerwürfeln, Honig und Sojasauce kräftig abschmecken. Erdnusskerne unterheben. Die Mischung in einen gewässerten Römertopf geben.

7_ Den Römertopf mit dem Deckel verschließen und auf dem Rost in den kalten Backofen schieben.
Ober-/Unterhitze: etwa 220 °C (untere Einschubleiste)
Heißluft: etwa 200 °C
Garzeit: etwa 50 Minuten.

Pro Portion: E: 49 g, F: 24 g, Kh: 38 g, kJ: 2527, kcal: 605

Gewürzhähnchen-Auflauf

Beliebt

(Römertopf 3-Liter-Inhalt)

4 Portionen

Zutaten:

4 Hähnchenbrustfilets
  (etwa 600 g)
200 g asiatische Weizennudeln
  (Mie-Nudeln)
Salzwasser
500 g Brokkoli
2 rote Paprikaschoten
  (etwa 400 g)
1 Glas Maiskölbchen
  (Abtropfgewicht 190 g)
2 Knoblauchzehen
4 EL Speiseöl
3 EL Sojasauce
Salz
frisch gemahlener Pfeffer
5-Gewürze-Pulver
  (asiatische Gewürzmischung)

Für die Sauce:

300 ml Gemüse- oder Geflügelbrühe
2 EL flüssiger Bienenhonig
4 EL Sojasauce
1 TL Speisestärke
Chiliflocken, rot

Zubereitungszeit: **40 Minuten**
Garzeit: **etwa 60 Minuten**

1_ Hähnchenbrustfilets unter fließendem kalten Wasser abspülen und trocken tupfen. Die Hähnchenbrustfilets jeweils in 6 Stücke schneiden.

2_ Mie-Nudeln in kochendem Salzwasser nach Packungsanleitung 5–10 Minuten garen. Nudeln auf ein Sieb geben und abtropfen lassen.

3_ Von dem Brokkoli die Blätter entfernen. Den Brokkoli in Röschen teilen, waschen und abtropfen lassen.

4_ Paprikaschoten halbieren, entstielen, entkernen und die weißen Scheidewände entfernen. Schotenhälften waschen, abtropfen lassen und in Spalten schneiden. Maiskölbchen auf einem Sieb abtropfen lassen und evtl. halbieren. Knoblauch abziehen und in kleine Würfel schneiden oder durch eine Knoblauchpresse drücken.

5_ Speiseöl in einer Pfanne erhitzen. Fleischstücke darin von allen Seiten anbraten und herausnehmen. Brokkoliröschen, Paprika-spalten und Maiskölbchen in dem verbliebenen Bratfett andüns-ten. Die Fleischstücke und das angedünstete Gemüse in einer Schüssel mischen. Mit Sojasauce, Salz, Pfeffer, Gewürzmischung und Knoblauch würzen. Die Fleisch-Gemüse-Mischung in einen gewässerten Römertopf geben.

6_ Für die Sauce Brühe mit Honig und Sojasauce in einem Topf zum Kochen bringen. Speisestärke mit Wasser anrühren, in die Brühe rühren und unter Rühren aufkochen lassen. Die Sauce mit Chiliflocken und Pfeffer würzen.

7_ Die Sauce auf der Fleisch-Gemüse-Masse verteilen. Den Römer-topf mit dem Deckel verschließen und auf dem Rost in den kalten Backofen schieben.
Ober-/Unterhitze: etwa 220 °C (untere Einschubleiste)
Heißluft: etwa 200 °C
Garzeit: etwa 60 Minuten.

Pro Portion: E: 47 g, F: 13 g, Kh: 57 g, kJ: 2255, kcal: 537

Tipp: Den Gewürzhähnchen-Auflauf mit hellen Sesamsamen bestreut servieren.

Hähnchenbrustfilets
auf Couscous
Exotisch

(Römertopf 3-Liter-Inhalt)
4 Portionen

Zutaten:
4 Hähnchenbrustfilets
   (etwa 700 g)
Salz
frisch gemahlener Pfeffer
2 EL Speiseöl
1 kleine Bio-Limette
   (unbehandelt)
2 EL Crema di Balsamico

1 Zwiebel (etwa 120 g)
2 kleine Bund glatte Petersilie
einige Minzeblättchen
250 g Couscous, Instant
300 ml Geflügelbrühe oder -fond
300 ml Wasser

Zubereitungszeit: **25 Minuten**
Garzeit: **etwa 40 Minuten**

1_ Hähnchenbrustfilets unter fließendem kalten Wasser abspülen,
trocken tupfen und mit Salz und Pfeffer würzen.

2_ Speiseöl in einer Pfanne erhitzen. Hähnchenbrustfilets darin von
beiden Seiten anbraten. Limette heiß abwaschen, abtrocknen
und klein schneiden, zu den angebratenen Hähnchenbrustfilets
geben. Anschließend mit Crema di Balsamico beträufeln und
die Hähnchenbrustfilets darin ringsum wenden. Pfanne mit den
Hähnchenbrustfilets beiseitestellen.

3_ Zwiebel abziehen und in kleine Würfel schneiden. Petersilie
und Minze abspülen und trocken tupfen. Die Blättchen von den
Stängeln zupfen. Blättchen grob zerschneiden.

4_ Couscous in eine Schüssel geben, mit Petersilie, Minze und Zwie-
belwürfeln mischen. Mit Salz und Pfeffer würzen.

5_ Die Couscous-Mischung in einen gewässerten Römertopf geben,
so dass eine kleine Mulde entsteht. Die Hähnchenbrustfilets
darauf verteilen.

6_ Den Bratensatz mit Brühe oder Fond und Wasser loskochen,
etwas einkochen lassen. Hähnchenbrustfilets und Couscous-
Mischung damit übergießen.

7_ Den Römertopf mit dem Deckel verschließen und auf dem Rost
in den kalten Backofen schieben.
Ober-/Unterhitze: etwa 220 °C (untere Einschubleiste)
Heißluft: etwa 200 °C
Garzeit: etwa 40 Minuten.

Pro Portion: E: 48 g, F: 7 g, Kh: 45 g, kJ: 1869, kcal: 447

Tipp: Crema di Balsamico ist eine eingedickte Mischung aus
Traubenmost und Balsamessig. Sie eignet sich zum Würzen und
Garnieren, für Dekorationen auf Tellern und Platten oder als aus-
gefallene Zugabe für Desserts. Mit ihrer milden Säure schmeckt
sie gut zu kurz gebratenem Fleisch, Fisch, Gemüse, Käse, Eis und
frischen Früchten.

Würzige Poulardenbrust
im Kohlblatt
Raffiniert

(Römertopf 3-Liter-Inhalt)
4 Portionen

Zutaten:
1 Spitzkohl (etwa 600 g)
Salzwasser
2 Möhren (etwa 400 g)
Salz
frisch gemahlener Pfeffer

4 Poulardenbrustfilets
   (etwa 750 g)
2 EL Speiseöl

1 Zwiebel (etwa 120 g)
80 g magerer, durchwachsener
   Speck
2 Knoblauchzehen
je 2 rote und grüne Peperoni
   (etwa 120 g)
20 g Butter
1 EL mittelscharfer Senf
250 ml (¼ l) Geflügelbrühe

Außerdem:
Küchengarn zum Binden

Zubereitungszeit: **40 Minuten**
Garzeit: **etwa 60 Minuten**

1_ Von dem Spitzkohl acht große Blätter vorsichtig lösen, abspülen und in kochendem Salzwasser etwa 2 Minuten blanchieren. Kohlblätter mit kaltem Wasser abschrecken und auf einem Sieb abtropfen lassen.

2_ Restlichen Spitzkohl halbieren und den Strunk herausschneiden. Kohlhälften in kleine Stücke schneiden, abspülen und abtropfen lassen. Möhren putzen, schälen, abspülen, abtropfen lassen, längs halbieren und in Scheiben schneiden.

3_ Kohlstücke und Möhrenscheiben in einer Schüssel mischen, mit Salz und Pfeffer würzen. Die Kohl-Möhren-Mischung in einen gewässerten Römertopf geben.

4_ Poulardenbrustfilets unter fließendem kalten Wasser abspülen und trocken tupfen. Mit Salz und Pfeffer würzen. Speiseöl in einer Pfanne erhitzen und Poulardenbrustfilets darin von beiden Seiten anbraten.

5_ Zwiebel abziehen und in kleine Würfel schneiden. Speck ebenfalls würfeln. Knoblauch abziehen und sehr klein schneiden. Peperoni abspülen, trocken tupfen und in schmale Ringe schneiden. Butter in einer Pfanne zerlassen. Zwiebel-, Speckwürfel, Knoblauchstücke und Peperoniringe darin leicht andünsten.

6_ Jeweils 2 blanchierte Kohlblätter leicht versetzt auf der Arbeitsfläche ausbreiten. Poulardenbrustfilets darauflegen und mit Senf bestreichen. Gedünstete Zwiebel-Speck-Mischung darauf verteilen. Die Blätter seitlich einschlagen, aufrollen und mit Küchengarn umwickeln.

7_ Rouladen auf die Kohl-Möhren-Mischung in den Römertopf legen. Brühe hinzugießen. Den Römertopf mit dem Deckel verschließen und auf dem Rost in den kalten Backofen schieben.
Ober-/Unterhitze: etwa 220 °C (untere Einschubleiste)
Heißluft: etwa 200 °C
Garzeit: etwa 60 Minuten.

Pro Portion: E: 52 g, F: 10 g, Kh: 11 g, kJ: 1466, kcal: 351

Tipp: Statt Poulardenbrustfilets können Sie auch Hähnchenbrustfilets verwenden.

Poulardenbrust
auf Sahnelinsen
Raffiniert

(Römertopf 3-Liter-Inhalt)
4 Portionen

Zutaten:
Für die Füllung:
50 g Pinienkerne
12 getrocknete Aprikosen
  (etwa 60 g)
160 g Doppelrahm-Frischkäse
Salz
frisch gemahlener Pfeffer

4 Poulardenbrustfilets
  (etwa 750 g)

1 Bund Petersilie
320 g rote Linsen
200 g Schlagsahne

300 ml Gemüsebrühe

Außerdem:
4 dünne Holzspieße

Zubereitungszeit: **30 Minuten,**
ohne Abkühlzeit
Garzeit: **1 Stunde 10 Minuten**

1_ Für die Füllung Pinienkerne in einer Pfanne ohne Fett rösten. Etwas abkühlen lassen. Aprikosen in kleine Würfel schneiden, mit Pinienkernen und Frischkäse in einer Schüssel vermischen, mit Salz und Pfeffer würzen.

2_ Poulardenbrustfilets jeweils längs aufschneiden, so dass eine Tasche entsteht. Die Frischkäsemasse in die Taschen füllen. Die Öffnungen mit Holzspießen feststecken und verschließen.

3_ Petersilie abspülen und trocken tupfen. Einige Zweige zum Garnieren beiseitelegen. Die restlichen Blättchen von den Stängeln zupfen. Blättchen klein schneiden.

4_ Linsen mit Sahne, Petersilie und evtl. restlicher Frischkäsemasse vermengen. Mit Salz und Pfeffer würzen.

5_ Die Linsenmasse in einen gewässerten Römertopf geben. Poulardenbrustfilets darauf verteilen, Gemüsebrühe hinzugießen. Den Römertopf mit dem Deckel verschließen und auf dem Rost in den kalten Backofen schieben.
Ober-/Unterhitze: etwa 220 °C (untere Einschubleiste)
Heißluft: etwa 200 °C
Garzeit: etwa 1 Stunde 10 Minuten.

6_ Das Gericht mit den beiseite gelegten Petersilienzweigen garnieren.

Pro Portion: E: 74 g, F: 37 g, Kh: 51 g, kJ: 3534, kcal: 845

Reisauflauf mit Spargel und Geflügel

Mit Alkohol

(Römertopf 3-Liter-Inhalt)
4 Portionen

Zutaten:
650 g Hähnchenbrustfilet
Salz
frisch gemahlener Pfeffer
2 EL Speiseöl
500 g weißer Spargel
1 Bund Frühlingszwiebeln
 (etwa 250 g)

Für die Sauce:
1 Bund glatte Petersilie
350 ml Hühnerbrühe
150 ml Weißwein
200 g Schlagsahne

250 g Risottoreis

40 g geriebener Parmesan

Zubereitungszeit: **40 Minuten**
Garzeit: **etwa 60 Minuten**

1_ Hähnchenbrustfilets unter fließendem kalten Wasser abspülen, trocken tupfen und in grobe Stücke schneiden. Mit Salz und Pfeffer würzen. Speiseöl in einer Pfanne erhitzen. Fleischstücke darin von allen Seiten anbraten.

2_ Den Spargel von oben nach unten schälen. Darauf achten, dass die Schalen vollständig entfernt, die Köpfe aber nicht verletzt werden. Die unteren Enden abschneiden (holzige Stellen vollständig entfernen). Spargelstangen abspülen, abtropfen lassen und in 3–5 cm lange Stücke schneiden.

3_ Frühlingszwiebeln putzen, waschen, abtropfen lassen und in 5 cm lange Stücke schneiden.

4_ Für die Sauce Petersilie abspülen und trocken tupfen. Die Blättchen von den Stängeln zupfen. Blättchen klein schneiden. Brühe mit Wein und Sahne verrühren, mit Salz und Pfeffer würzen. Petersilie unterrühren.

5_ Die Fleischstücke mit Spargel-, Frühlingszwiebelstücken und Reis in einer Schüssel mischen und in einen gewässerten Römertopf geben. Den Römertopf mit dem Deckel verschließen und auf dem Rost in den kalten Backofen schieben.
Ober-/Unterhitze: etwa 220 °C (untere Einschubleiste)
Heißluft: etwa 200 °C
Garzeit: etwa 60 Minuten.

6_ Den Auflauf während der Garzeit gelegentlich umrühren. Nach etwa 50 Minuten Garzeit den Deckel abnehmen und den Auflauf mit Käse bestreuen. Den Auflauf ohne Deckel weitere etwa 10 Minuten garen.

Pro Portion: E: 49 g, F: 26 g, Kh: 57 g, kJ: 2901, kcal: 694

Pute mit Ananas in Kokosmilch

Exotisch

(Römertopf 3-Liter-Inhalt)
4 Portionen

Zutaten:

600 g Putenbrustfilet
Salz
frisch gemahlener Pfeffer
2 EL Speiseöl
200 ml Milch
50 g Kokoscreme
je 1 rote und grüne Peperoni
einige Stängel Minze
1 Stängel Zitronengras
200 g Datteln, ohne Kerne
400 g Ananaswürfel
  (von 1 frischen Ananas)

Zubereitungszeit: **40 Minuten**
Garzeit: **etwa 45 Minuten**

1_ Putenbrustfilet unter fließendem kalten Wasser abspülen, trocken tupfen und in Würfel schneiden. Mit Salz und Pfeffer würzen.

2_ Speiseöl in einer Pfanne erhitzen. Fleischwürfel darin von allen Seiten anbraten und herausnehmen. Den Bratensatz mit Milch und Kokoscreme loskochen und etwa 2 Minuten einkochen lassen.

3_ Peperoni abspülen, trocken tupfen, längs aufschneiden, entkernen und in dünne Scheiben schneiden. Minze abspülen und trocken tupfen. Einige Zweige zum Garnieren beiseitelegen. Die restlichen Blättchen von den Stängeln zupfen. Zitronengras abspülen, trocken tupfen und längs halbieren. Datteln längs halbieren.

4_ Ananaswürfel in eine Schüssel geben. Fleischwürfel, Peperoni-scheiben, Minzeblättchen, Zitronengras- und Dattelhälften hinzugeben und gut vermischen. Die Masse in einen gewässerten Römertopf geben und mit der Braten-Kokos-Milch übergießen. Mit Salz und Pfeffer würzen.

5_ Den Römertopf mit dem Deckel verschließen und auf dem Rost in den kalten Backofen schieben.
Ober-/Unterhitze: 200–220 °C (untere Einschubleiste)
Heißluft: 180–200 °C
Garzeit: etwa 45 Minuten.

6_ Das Gericht mit den beiseite gelegten Minzezweigen garnieren.

Pro Portion: E: 40 g, F: 17 g, Kh: 49 g, kJ: 2203, kcal: 528

Tipp: Dieses Gericht kann mit Reis und gebratenen Garnelen angereichert werden.

Wildschweinschulter
in Burgunder
Mit Alkohol

(Römertopf 3-Liter-Inhalt)
4 Portionen

Zutaten:
900 g Wildschweinschulter
Salz
frisch gemahlener Pfeffer
einige Lorbeerblätter
2 EL Speiseöl

200 g kleine, braune
    Champignons
160 g Pfifferlinge oder
    1 Dose kleine Pfifferlinge
    (Abtropfgewicht 165 g)
200 g Austernpilze
120 g Rosinen
100 g Preiselbeeren
    (aus dem Glas)
einige Wacholderbeeren
1 kleine Stange Zimt
1 Lorbeerblatt
200 ml Rotwein (Burgunder)
200 ml Wildfond oder Fleisch-
    brühe

Außerdem:
etwas Küchengarn

Zubereitungszeit: **30 Minuten**
Garzeit: **etwa 2 ½ Stunden**

1_ Wildschweinschulter unter fließendem kalten Wasser abspülen,
trocken tupfen, mit Salz und Pfeffer würzen. Wildschweinschulter evtl. mit Küchengarn zu einem Rollbraten zusammen-
binden, unter die Fäden die Lorbeerblätter schieben. Oder die
Lorbeerblätter auf den Braten geben.

2_ Speiseöl in einer Pfanne erhitzen. Wildschweinschulter darin von
allen Seiten gut anbraten.

3_ Pilze putzen, mit Küchenpapier abreiben, evtl. kurz abspülen und
gut trocken tupfen. Pfifferlinge aus der Dose auf einem Sieb gut
abtropfen lassen.

4_ Pilze in eine Schüssel geben. Rosinen und Preiselbeeren gut
untermischen. Mit Salz, Pfeffer, zerdrückten Wacholderbeeren,
Zimt und Lorbeerblatt würzen.

5_ Die Pilzmischung in einen gewässerten Römertopf geben. Wildschweinschulter darauflegen. Rotwein und Fond oder Brühe
hinzugießen. Den Römertopf mit dem Deckel verschließen und
auf dem Rost in den kalten Backofen schieben.
Ober-/Unterhitze: etwa 220 °C (untere Einschubleiste)
Heißluft: etwa 200 °C
Garzeit: etwa 2 ½ Stunden.

Pro Portion: E: 49 g, F: 11 g, Kh: 32 g, kJ: 1929, kcal: 461

Tipp: Statt Wildschweinschulter können Sie auch eine Wild-
schwein- oder Hirschkeule verwenden. Pilze nach Möglichkeit
nicht abspülen, da Pilze schnell an Aroma verlieren.

Braten von der Rehkeule

Mit Alkohol

(Römertopf 3-Liter-Inhalt)
4 Portionen

Zutaten:
900 g ausgelöste Rehkeule
   oder -schulter
Salz
frisch gemahlener Pfeffer
1 kleiner Lorbeerzweig
einige Wacholderbeeren
4 große Scheiben Parma-
   schinken (etwa 100 g)
2 EL Speiseöl

2 Äpfel (etwa 400 g, z. B. Boskop)
100 g frische Johannisbeeren
   oder 80 g Johannisbeer-
   konfitüre
500 g festkochende Kartoffeln
60 g gestiftelte Mandeln
200 ml Rotwein, z. B. Merlot
100 ml Fleischbrühe oder
   Wildfond

Außerdem:
Küchengarn

Zubereitungszeit: **30 Minuten**
Garzeit: **etwa 2 ½ Stunden**

1_ Rehkeule unter fließendem kalten Wasser abspülen, trocken tupfen, mit Salz und Pfeffer würzen. Lorbeerzweig abspülen und trocken tupfen. Wacholderbeeren zerdrücken. Lorbeerzweig und Wacholderbeeren auf dem Fleisch verteilen. Das Fleisch aufrollen und den Parmaschinken darumlegen (umhüllen). Mit Küchengarn zu einem Rollbraten binden.

2_ Speiseöl in einer Pfanne erhitzen. Den Rollbraten darin von allen Seiten anbraten.

3_ Äpfel waschen, trocken tupfen, vierteln und entkernen. Apfelviertel nochmals quer halbieren. Johannisbeeren waschen, abtropfen lassen und entstielen. Kartoffeln waschen, schälen, abspülen, abtropfen lassen und in grobe Würfel schneiden.

4_ Apfelstücke, Johannisbeeren oder -konfitüre und Kartoffelwürfel in einer Schüssel mischen. Mandeln hinzufügen. Mit Salz und Pfeffer würzen. Die Hälfte der Kartoffel-Apfel-Mischung in einen gewässerten Römertopf geben. Den Rollbraten darauflegen und die restliche Kartoffel-Apfel-Mischung darauf verteilen. Rotwein und Brühe oder Fond hinzugießen.

5_ Den Römertopf mit dem Deckel verschließen und auf dem Rost in den kalten Backofen schieben.
Ober-/Unterhitze: etwa 220 °C (untere Einschubleiste)
Heißluft: etwa 200 °C
Garzeit: etwa 2 ½ Stunden.

6_ Das Küchengarn vom Rollbraten entfernen. Den Braten in Scheiben schneiden, mit Kartoffeln, Äpfeln und Johannisbeeren auf Tellern anrichten.

Pro Portion: E: 61 g, F: 21 g, Kh: 35 g, kJ: 2541, kcal: 606

Lachsfilet auf Pfefferbasilikum

Kalorienarm

(Römertopf 3-Liter-Inhalt)
4 Portionen

Zutaten:

600 g Lachsfilet, ohne Haut
   und Gräten
Salz
frisch gemahlener Pfeffer
einige Spritzer Worcestersauce
2 Schmorgurken (je etwa 600 g)
500 g festkochende Kartoffeln
160 g Cocktailtomaten
1 Bund Pfefferbasilikum
   oder Basilikum
2 kleine Lorbeerblätter
100 ml Fischfond
100 ml trockener Weißwein

Zubereitungszeit: **30 Minuten,
ohne Durchziehzeit**
Garzeit: **etwa 60 Minuten**

1_ Lachsfilet unter fließendem kalten Wasser abspülen und trocken tupfen, in 4 Stücke schneiden. Mit Salz, Pfeffer und Worcestersauce würzen. Lachsfilet zugedeckt 20–30 Minuten im Kühlschrank durchziehen lassen.

2_ Schmorgurken waschen, trocken tupfen und die Stängelansätze entfernen. Gurken streifenweise schälen, dabei etwas Schale daran lassen. Gurke längs halbieren und die Kerne mit einem Löffel herausschaben. Gurkenhälften in etwa 1 cm große Stücke oder Scheiben schneiden.

3_ Kartoffeln waschen, schälen, abspülen, abtropfen lassen und in kleine Würfel schneiden. Cocktailtomaten waschen, trocken tupfen, halbieren und evtl. Stängelansätze entfernen.

4_ Basilikum abspülen und trocken tupfen. Etwas Basilikum zum Garnieren beiseitelegen. Die Blättchen von den Stängeln zupfen.

5_ Gurkenstücke oder -scheiben mit Kartoffelwürfeln, Tomatenhälften und Basilikumblättchen in einer Schüssel mischen. Mit Salz und Pfeffer würzen. Lorbeerblätter hinzufügen.

6_ Die vorbereiteten Zutaten in einen gewässerten Römertopf geben. Fischfond und Weißwein hinzugießen. Den Römertopf mit dem Deckel verschließen und auf dem Rost in den kalten Backofen schieben.
Ober-/Unterhitze: etwa 200 °C (untere Einschubleiste)
Heißluft: etwa 180 °C
Garzeit: etwa 60 Minuten.

7_ Lachs 10–15 Minuten (je nach Dicke der Scheiben) vor Ende der Garzeit in den Römertopf geben und fertig garen. Das Gericht mit beiseite gelegtem Basilikum garnieren.

Pro Portion: E: 32 g, F: 10 g, Kh: 20 g, kJ: 1350, kcal: 323

Spinat und Lachs
Beliebt

(Römertopf 3-Liter-Inhalt)
4 Portionen

Zutaten:
1 kg frischer Blattspinat
1 Zwiebel
2 Knoblauchzehen
2 EL Olivenöl
Salz
frisch gemahlener Pfeffer

500 g Lachsfilet, ohne Haut
  und Gräten
200 g Shrimps

Für die Sauce:
200 ml Milch
400 g Schlagsahne
20 g heller Saucenbinder
300 g Schafkäse
Saft von 1 Zitrone
4 Eigelb (Größe M)

Zubereitungszeit: **30 Minuten**
Garzeit: **50–60 Minuten**

1_ Spinat verlesen, gründlich waschen, abtropfen lassen und in kleinere Stücke zupfen. Zwiebel und Knoblauch abziehen und in kleine Würfel schneiden.

2_ Olivenöl in einem großen Topf erhitzen, Zwiebel- und Knoblauchwürfel darin andünsten. Spinat hinzugeben und mitdünsten lassen, bis er zusammengefallen ist. Mit Salz und Pfeffer würzen.

3_ Lachsfilet und Shrimps unter fließendem kalten Wasser abspülen und trocken tupfen. Lachsfilet in mundgerechte Stücke schneiden.

4_ Für die Sauce Milch und Sahne in einem Topf zum Kochen bringen. Saucenbinder einrühren und unter Rühren aufkochen lassen. Die Hälfte des Schafkäses hineinbröseln und unter Rühren schmelzen. Die Sauce mit Zitronensaft, Salz und Pfeffer abschmecken. Eigelb unterrühren (die Sauce darf nicht mehr kochen).

5_ Spinat mit Lachsstücken und Shrimps in einer Schüssel mischen und in einen gewässerten Römertopf geben. Die Sauce darauf verteilen und mit restlichem Schafkäse bestreuen.

6_ Den Römertopf mit dem Deckel verschließen und auf dem Rost in den kalten Backofen schieben.
Ober-/Unterhitze: etwa 220 °C (untere Einschubleiste)
Heißluft: etwa 200 °C
Garzeit: 50–60 Minuten.

Pro Portion: E: 58 g, F: 67 g, Kh: 12 g, kJ: 3790, kcal: 906

Räucherlachsauflauf
mit grünem Spargel
Für Gäste

(Römertopf 3-Liter-Inhalt)
4 Portionen

Zutaten:

1 kg grüner Spargel
1 Zwiebel (etwa 150 g)
350 g kleine, weiße
   Champignons
400 g Räucherlachs, am Stück
80 g Butter
200 g rote Linsen

Für die Dillsauce:

60 g Kräuterbutter
15–20 g Weizenmehl
250 ml (¼ l) Gemüsebrühe
200 ml Milch
Salz
frisch gemahlener Pfeffer
1 Bund Dill
100 g geriebener Mozzarella

Zubereitungszeit: **50 Minuten**
Garzeit: **etwa 70 Minuten**

1_ Von dem grünen Spargel nur das untere Drittel schälen und die Enden abschneiden. Spargelstangen abspülen, abtropfen lassen und in 3–5 cm lange Stücke schneiden.

2_ Zwiebel abziehen und in kleine Würfel schneiden. Champignons putzen, mit Küchenpapier abreiben, evtl. abspülen und trocken tupfen. Große Champignons evtl. halbieren. Den Räucherlachs in mittelgroße Würfel schneiden.

3_ Butter in einem großen Topf zerlassen. Zunächst Zwiebelwürfel, dann Champignons, Spargelstücke und rote Linsen hinzugeben und etwa 10 Minuten unter gelegentlichem Rühren andünsten.

4_ Für die Sauce Kräuterbutter in einem Topf zerlassen. Mehl darin unter Rühren so lange erhitzen, bis es hellgelb ist. Brühe und Milch hinzugießen, mit einem Schneebesen gut durchschlagen. Dabei darauf achten, dass keine Klümpchen entstehen. Die Sauce zum Kochen bringen und bei schwacher Hitze etwa 5 Minuten unter Rühren kochen lassen. Mit Salz und Pfeffer würzen. Dill abspülen und trocken tupfen. Die Spitzen von den Stängeln zupfen. Spitzen klein schneiden und unter die Sauce rühren.

5_ Das angedünstete Gemüse mit den Lachswürfeln in einer Schüssel mischen und in einen gewässerten Römertopf geben. Die Sauce darauf verteilen und mit Mozzarella bestreuen.

6_ Den Römertopf mit dem Deckel verschließen und auf dem Rost in den kalten Backofen schieben.
Ober-/Unterhitze: etwa 220 °C (untere Einschubleiste)
Heißluft: etwa 200 °C
Garzeit: etwa 70 Minuten.

Pro Portion: E: 48 g, F: 40 g, Kh: 37 g, kJ: 2966, kcal: 711

Lachsschnitte in Estragonsahne
Schnell zubereitet

(Römertopf 3-Liter-Inhalt)
4 Portionen

Zutaten:
4 Lachsschnitten mit Haut,
 geschuppt (je etwa 200 g)
Salz
frisch gemahlener Pfeffer
2 große Schalotten
1 Bund Estragon
100 ml trockener Weißwein
250 g Schlagsahne

1–2 EL heller Saucenbinder

Zubereitungszeit: **15 Minuten**
Garzeit: **etwa 35 Minuten**

1_ Lachsschnitten unter fließendem kalten Wasser abspülen und trocken tupfen. Mit Salz und Pfeffer bestreuen. Schalotten abziehen und in feine Würfel schneiden.

2_ Estragon abspülen und trocken tupfen. Die Blättchen von den Stängeln zupfen.

3_ Estragonstängel, die Hälfte der Blättchen und die Schalottenwürfel in einen gewässerten Römertopf geben. Wein und Sahne hinzugießen. Lachsschnitten mit der Hautseite nach oben darauf legen.

4_ Den Römertopf mit dem Deckel verschließen und auf dem Rost in den kalten Backofen schieben.
Ober-/Unterhitze: etwa 200 °C (untere Einschubleiste)
Heißluft: etwa 180 °C
Garzeit: etwa 35 Minuten.

5_ Restliche Estragonblättchen fein schneiden. Den Fond in einen Topf gießen und die Sauce mit dem Saucenbinder zur gewünschten Konsistenz andicken. Estragonblättchen unterrühren. Die Lachsschnitten mit der Sauce servieren.

Pro Portion: E: 42 g, F: 47 g, Kh: 4 g, kJ: 2613, kcal: 624

Beilage: Glasierte Gurken und Schwenkkartoffeln.

Tipp: Sie können auch TK-Lachsfilets verwenden, dann Lachsfilets etwas antauen lassen.

Zander mit Speck und Kraut
Einfach

(Römertopf 2,5-Liter-Inhalt)
4 Portionen

Zutaten:

200 g Zwiebeln
1 kg Sauerkraut
100 ml trockener Weißwein,
  z. B. Riesling
125 ml (⅛ l) Gemüse- oder
  Fischfond
2 Nelken
6 Wacholderbeeren
1 Lorbeerblatt
Salz
Zucker
100 g durchwachsener
  geräucherter Speck
4 Zanderfilets (je etwa 180 g)
frisch gemahlener Pfeffer
125 g Schlagsahne
1 Bund glatte Petersilie

Zubereitungszeit: **35 Minuten**
Garzeit: **etwa 90 Minuten**

1_ Zwiebeln abziehen und in schmale Streifen schneiden. Sauerkraut und die Zwiebelstreifen in einen gewässerten Römertopf geben. Wein und Gemüse- oder Fischfond hinzugießen. Nelken, Wacholderbeeren, Lorbeerblatt, Salz und Zucker hinzufügen. Speck in Würfel schneiden und unterheben.

2_ Den Römertopf mit dem Deckel verschließen und auf dem Rost in den kalten Backofen schieben.
Ober-/Unterhitze: etwa 200 °C (untere Einschubleiste)
Heißluft: etwa 180 °C
Garzeit: etwa 90 Minuten.

3_ Zanderfilets unter fließendem kalten Wasser abspülen und trocken tupfen. Mit Salz und Pfeffer bestreuen.

4_ Nach etwa 70 Minuten Garzeit Sahne unter das Sauerkraut rühren. Zanderfilets darauf verteilen. Den Römertopf wieder mit dem Deckel verschließen und den Zander mit Speck und Kraut fertig garen.

5_ Petersilie abspülen und trocken tupfen. Die Blättchen von den Stängeln zupfen. Blättchen hacken. Zander mit Speck und Kraut mit Petersilie bestreut servieren.

Pro Portion: E: 44 g, F: 19 g, Kh: 6 g, kJ: 1699, kcal: 406

Beilage: In Butter geschwenkte Kartoffeln.

Rotbarbenfilets
auf Fenchel-Oliven-Gemüse
Etwas teurer

(Römertopf 4-Liter-Inhalt)
4 Portionen

Zutaten:
4 große oder 8 kleine
  Rotbarbenfilets
Salz
frisch gemahlener Pfeffer
2 Fenchelknollen (etwa 600 g)
300 g schwarze und grüne
  Olivenscheiben (Türkenladen)
4 EL Olivenöl
2 EL weiche Butter
4 EL Semmelbrösel
2 EL TK-Kräuter der Provence

2 kleine Orangen

Zubereitungszeit: **35 Minuten**
Garzeit: **30–35 Minuten**

1_ Rotbarbenfilets unter fließendem kalten Wasser abspülen und trocken tupfen, evtl. die Gräten mit einer Pinzette entfernen. Mit Salz und Pfeffer bestreuen.

2_ Von den Fenchelknollen die Stiele dicht oberhalb der Knollen abschneiden. Braune Stellen und Blätter entfernen (Fenchelgrün beiseitelegen). Die Wurzelenden gerade schneiden. Knollen waschen, abtropfen lassen, halbieren und zuerst in Scheiben, dann in sehr feine Streifen schneiden oder hobeln. Salz und Pfeffer darüber streuen und gut durchkneten.

3_ Fenchelstreifen, Olivenscheiben und Olivenöl in einen gewässerten Römertopf geben. Rotbarbenfilets mit der Hautseite nach oben auf das Fenchel-Oliven-Gemüse legen. Butter mit Semmelbröseln und Kräutern der Provence vermengen und auf den Rotbarbenfilets verteilen.

4_ Den Römertopf mit dem Deckel verschließen und auf dem Rost in den kalten Backofen schieben.
Ober-/Unterhitze: etwa 200 °C
Heißluft: etwa 180 °C
Garzeit: 30–35 Minuten.

5_ Das beiseite gelegte Fenchelgrün fein hacken. Orangen schälen, dabei die weiße Haut entfernen. Fruchtfilets herausschneiden.

6_ Nach etwa 25 Minuten Garzeit den Deckel vom Römertopf abnehmen und weitere 5–10 Minuten garen, damit die Semmelbrösel braun werden.

7_ Rotbarbenfilets auf Fenchel-Oliven-Gemüse mit Fenchelgrün und Orangenfilets garniert servieren.

Pro Portion: E: 46 g, F: 37 g, Kh: 16 g, kJ: 2465, kcal: 589

Asiatischer Fischauflauf

Exotisch

(Römertopf 3-Liter-Inhalt)
4 Portionen

Zutaten:
600 g Pangasiusfilet
250 g asiatische Weizennudeln
  (Mie-Nudeln)
Salzwasser
150 g Sojabohnenkeimlinge
  (aus dem Glas)
1 kleine Dose Ananasstücke
  (Abtropfgewicht 200 g)
je 1 rote und gelbe Paprikaschote
  (etwa 300 g)
1 Bund Frühlingszwiebeln
  (etwa 250 g)

Für die Marinade:
1 kleines Stück Ingwerwurzel
2 Knoblauchzehen
5 EL Sojasauce
150 ml Asia-Sauce Sweet & Sour
  (erhältlich im Asialaden)
Saft von 2 Limetten
Salz
frisch gemahlener Pfeffer

Zubereitungszeit: **40 Minuten,
ohne Marinierzeit**
Garzeit: **etwa 80 Minuten**

1_ Pangasiusfilets unter fließendem kalten Wasser abspülen, trocken tupfen und in etwas größere Würfel schneiden.

2_ Mie-Nudeln in kochendem Salzwasser nach Packungsanleitung 3–5 Minuten garen. Mie-Nudeln auf ein Sieb geben und abtropfen lassen. Sojabohnenkeimlinge und Ananasstücke getrennt auf je einem Sieb abtropfen lassen.

3_ Paprikaschoten halbieren, entstielen, entkernen und die weißen Scheidewände entfernen. Schotenhälften waschen, abtropfen lassen und in Würfel schneiden. Frühlingszwiebeln putzen, waschen, abtropfen lassen und in 2–3 cm lange Stücke schneiden.

4_ Für die Marinade Ingwerwurzel schälen. Knoblauch abziehen. Ingwer und Knoblauch in kleine Würfel schneiden. Sojasauce mit Asia-Sauce, Limettensaft, Ingwer- und Knoblauchwürfeln verrühren. Mit Salz und Pfeffer würzen.

5_ Fischwürfel, Mie-Nudeln, Sojabohnenkeimlinge, Ananasstücke, Paprikawürfel und Frühlingszwiebelstücke in einer Schüssel mischen. Die Marinade hinzugeben, gut untermengen und die Fischwürfel etwa 30 Minuten marinieren.

6_ Die Fisch-Nudel-Gemüse-Mischung in einen gewässerten Römertopf geben. Den Römertopf mit dem Deckel verschließen und auf dem Rost in den kalten Backofen schieben.
Ober-/Unterhitze: etwa 220 °C (untere Einschubleiste)
Heißluft: etwa 200 °C
Garzeit: etwa 80 Minuten.

Pro Portion: E: 36 g, F: 7 g, Kh: 80 g, kJ: 2369, kcal: 562

Tipp: Die Nudeln nach Belieben mit schwarzen Sesamsamen bestreuen.

Zander auf dem Fenchelbett

Raffiniert

(Römertopf 3-Liter-Inhalt)
4 Portionen

Zutaten:
2 Fenchelknollen (etwa 400 g)
200 g Cocktailtomaten
2 Zucchini (etwa 200 g)

1 Limette
einige Stängel Zitronenthymian
Salz
frisch gemahlener Pfeffer
evtl. etwas Knoblauchpulver
    oder 2 abgezogene Knoblauch-
    zehen

4 kleine Zanderfilets
    (je etwa 130 g)

Zum Garnieren:
Limettenspalten

Zubereitungszeit: **30 Minuten**
Garzeit: **etwa 50 Minuten**

1_ Von den Fenchelknollen die Stiele dicht oberhalb der Knollen abschneiden. Braune Stellen und Blätter entfernen, etwas Fenchelgrün zum Garnieren beiseitelegen und die Wurzelenden gerade
schneiden. Knollen waschen, abtropfen lassen, längs halbieren
und quer in Streifen schneiden.

2_ Tomaten waschen, trocken tupfen und halbieren, evtl. Stängelansätze herausschneiden. Zucchini waschen, abtrocknen und
die Enden abschneiden. Zucchini in Stücke schneiden. Limette
halbieren und den Saft auspressen. Zitronenthymian abspülen
und trocken tupfen.

3_ Fenchelstreifen mit Tomatenhälften und Zucchinistücken in
einer Schüssel mischen. Mit Salz, Pfeffer, Thymian und der Hälfte
des Limettensaftes würzen. Nach Belieben zusätzlich mit Knoblauchpulver oder zerdrückten Knoblauchzehen würzen.

4_ Zanderfilets unter fließendem kalten Wasser abspülen und
trocken tupfen. Zanderfilets mit Salz und Pfeffer bestreuen und
mit dem restlichen Limettensaft beträufeln.

5_ Die Gemüsemischung in einen gewässerten Römertopf geben.
Zanderfilets darauf verteilen. Den Römertopf mit dem Deckel
verschließen und auf dem Rost in den kalten Backofen schieben.
Ober-/Unterhitze: etwa 220 °C (untere Einschubleiste)
Heißluft: etwa 200 °C
Garzeit: etwa 50 Minuten.

6_ Zander auf dem Fenchelbett mit beiseite gelegtem Fenchelgrün
und Limettenspalten garnieren.

Pro Portion: E: 28 g, F: 2 g, Kh: 5 g, kJ: 668, kcal: 159

Fischragout

Schnell zubereitet

(Römertopf 3-Liter-Inhalt)

4 Portionen

Zutaten:

250 g TK-Dicke Bohnen
1 Zwiebel
1 Knoblauchzehe
1 Fenchelknolle (300 g)
1 rote Paprikaschote (200 g)
200 g Vollkornreis
1 TL Fenchelsamen
Salz
frisch gemahlener Pfeffer
1 Glas (400 ml) Fischfond
600 g Dorschfilet
1 Becher (150 g) Crème fraîche

Zubereitungszeit: **30 Minuten**
Garzeit: **etwa 60 Minuten**

1_ Bohnen bis zur weiteren Verwendung antauen lassen. Zwiebel und Knoblauch abziehen und fein würfeln. Von der Fenchelknolle die Stiele dicht oberhalb der Knolle abschneiden, braune Stellen und Blätter entfernen (etwas Fenchelgrün zum Garnieren beiseitelegen). Das Wurzelende gerade schneiden, die Knolle waschen, vierteln und in Streifen schneiden.

2_ Paprikaschote halbieren, entstielen, entkernen und die weißen Scheidewände entfernen. Schotenhälften abspülen, abtropfen lassen und in Streifen schneiden.

3_ Die vorbereiteten Zutaten mit Bohnen, Reis, Fenchelsamen, Salz und Pfeffer in einem gewässerten Römertopf mischen. Fischfond darüber gießen. Den Römertopf mit dem Deckel verschließen und auf dem Rost in den kalten Backofen schieben.
Ober-/Unterhitze: etwa 200 °C (untere Einschubleiste)
Heißluft: etwa 180 °C
Garzeit: etwa 60 Minuten.

4_ In der Zwischenzeit Fischfilet unter fließendem kalten Wasser abspülen, trocken tupfen und grob würfeln. Nach 45 Minuten Garzeit die Fischwürfel unter den Gemüsereis heben und das Ragout im geschlossenen Topf fertig garen.

5_ Crème fraîche unterrühren und das Fischragout mit Salz und Pfeffer abschmecken. Mit Fenchelgrün garnieren.

Pro Portion: E: 44 g, F: 13 g, Kh: 58 g, kJ: 2249, kcal: 537

Tipp: Anstelle von 600 g Dorschfilet können Sie auch je 300 g Dorsch- und Tunfischfilet verwenden.

Rotbarsch mit Gemüse und Kartoffeln

Mit Alkohol

(Römertopf 3-Liter-Inhalt)

4 Portionen

Zutaten:

4 TK-Rotbarschfilets
(je etwa 180 g)
400 g Kartoffeln
1 Zwiebel (etwa 150 g)
2 Möhren (etwa 200 g)
2 Fenchelknollen (etwa 400 g)
1 rote Paprikaschote (etwa 200 g)

1 Bund Dill
1 Becher (250 g) Crème fraîche
150 g Joghurt
100 ml Wermut
Saft von 1 Zitrone
Salz
frisch gemahlener Pfeffer

150 g frisch geriebener Gouda-
Käse
2 EL Semmelbrösel
2 EL Sonnenblumenkerne

Zubereitungszeit: **40 Minuten,
ohne Auftauzeit**
Garzeit: **etwa 50 Minuten**

1_ Rotbarschfilets nach Packungsanleitung auftauen.

2_ Kartoffeln schälen, abspülen und abtropfen lassen. Zwiebel abziehen. Möhren putzen, schälen, abspülen, abtropfen lassen. Von den Fenchelknollen die Stiele dicht oberhalb der Knollen abschneiden. Braune Stellen und Blätter entfernen. Die Wurzelenden gerade schneiden. Knollen waschen und abtropfen lassen. Paprikaschote halbieren, entstielen, entkernen und die weißen Scheidewände entfernen. Schotenhälften waschen und abtropfen lassen.

3_ Kartoffeln und vorbereitete Gemüsezutaten in gleich große Würfel schneiden. Wasser in einem Topf zum Kochen bringen. Kartoffel- und Gemüsewürfel darin etwa 10 Minuten garen. Anschließend auf ein Sieb geben, mit kaltem Wasser übergießen und abtropfen lassen.

4_ Dill abspülen und trocken tupfen. Die Spitzen von den Stängeln zupfen. Spitzen klein schneiden. Crème fraîche mit Joghurt, Wermut, Zitronensaft und Dill verrühren, mit Salz und Pfeffer würzen. Die Gemüsewürfel mit der Crème-fraîche-Joghurt-Sauce in einer Schüssel mischen und in einen gewässerten Römertopf geben.

5_ Rotbarschfilets unter fließendem kalten Wasser abspülen, trocken tupfen, mit Salz und Pfeffer würzen. Evtl. vorhandene Gräten entfernen. Rotbarschfilets auf den Gemüsewürfeln verteilen. Den Römertopf mit dem Deckel verschließen und auf dem Rost in den kalten Backofen schieben.
Ober-/Unterhitze: etwa 220 °C (untere Einschubleiste)
Heißluft: etwa 200 °C
Garzeit: etwa 50 Minuten.

6_ Den Deckel entfernen. Die Backofentemperatur um etwa 20 °C erhöhen. Rotbarschfilets mit Käse, Semmelbröseln und Sonnenblumenkernen bestreuen. Den Römertopf (ohne Deckel) wieder auf dem Rost in den heißen Backofen schieben. Die Rotbarschfilets etwa 10 Minuten überbacken.

Pro Portion: E: 54 g, F: 42 g, Kh: 34 g, kJ: 3184, kcal: 763

Tipp: Die Rotbarschfilets können auch unter dem vorgeheizten Backofengrill überbacken werden. Nach Belieben mit Dillspitzen garnieren.

Räucherfischragout mit Oliven, roten Zwiebeln und Orangen

Raffiniert

(Römertopf 3-Liter-Inhalt)

4 Portionen

Zutaten:

800 g festkochende Kartoffeln

Salzwasser

2 rote Zwiebeln (etwa 200 g)

1 EL Olivenöl

1 Glas schwarze Oliven ohne
   Stein (Abtropfgewicht 170 g)

2 Orangen
   (etwa 160 g essbarer Anteil)

4 Pck. (je 125 g) geräucherte
   Forellenfilets

1 Bund Schnittlauch

Salz

frisch gemahlener Pfeffer

Für den Guss:

2 Becher (je 250 g) Crème fraîche

5 EL Orangensaft
   (von den filetierten Orangen)

2 EL mittelscharfer Senf

Zubereitungszeit: **30 Minuten**

Garzeit: **etwa 70 Minuten**

1_ Kartoffeln schälen, abspülen, abtropfen lassen und in Scheiben schneiden. Kartoffelscheiben in kochendem Salzwasser etwa 10 Minuten garen. Kartoffelscheiben auf ein Sieb geben und abtropfen lassen.

2_ Zwiebeln abziehen und in Streifen schneiden. Olivenöl in einer Pfanne erhitzen. Zwiebelstreifen darin leicht andünsten.

3_ Oliven abtropfen lassen und halbieren. Orangen so schälen, dass die weiße Haut vollständig entfernt wird. Orangen filetieren und dabei den Saft auffangen. Forellenfilets in Stücke schneiden. Schnittlauch abspülen, trocken tupfen, in Röllchen schneiden.

4_ Die vorbereiteten Zutaten in einer Schüssel mischen, mit Salz und Pfeffer würzen und in einen gewässerten Römertopf geben.

5_ Für den Guss Crème fraîche mit Orangensaft und Senf verrühren, mit Salz und Pfeffer würzen. Den Guss auf dem Ragout verteilen und etwas verstreichen.

6_ Den Römertopf mit dem Deckel verschließen und auf dem Rost in den kalten Backofen schieben.
Ober-/Unterhitze: etwa 220 °C (untere Einschubleiste)
Heißluft: etwa 200 °C
Garzeit: etwa 70 Minuten.

Pro Portion: E: 37 g, F: 61 g, Kh: 37 g, kJ: 3532, kcal: 849

Forellen
aus dem Kräuterdampf
Mit Alkohol

(Römertopf 4-Liter-Inhalt)
4 Portionen

Zutaten:
4 küchenfertige Forellen
  (je etwa 300 g)
Salz
frisch gemahlener Pfeffer
2 Knoblauchzehen
2 Bio-Limetten (unbehandelt)
2 große Schalotten
je 1 Bund Dill, glatte Petersilie
  und Kerbel
500 ml (½ l) trockener Weißwein, z. B. Riesling

Zubereitungszeit: **25 Minuten**
Garzeit: **etwa 50 Minuten**

1_ Forellen innen und außen unter fließendem kalten Wasser abspülen, trocken tupfen und von innen und außen mit Salz und Pfeffer einreiben.

2_ Knoblauch (ungepellt) in Stücke schneiden. Limetten heiß abwaschen, abtrocknen und in Stücke schneiden. Schalotten abziehen, zuerst in Scheiben schneiden, dann in feine Ringe teilen. Schalottenringe in einem gewässerten Römertopf verteilen.

3_ Dill, Petersilie und Kerbel abspülen und tropfnass auf die Schalottenringe legen.

4_ Knoblauch- und Limettenstücke mischen und in die Bauchhöhlen der Forellen stecken. Die Forellen in die Kräuter legen. Weißwein hinzugießen. Den Römertopf mit dem Deckel verschließen und auf dem Rost in den kalten Backofen schieben.
Ober-/Unterhitze: etwa 200 °C (untere Einschubleiste)
Heißluft: etwa 180 °C
Garzeit: etwa 50 Minuten.

Pro Portion: E: 38 g, F: 7 g, Kh: 2 g, kJ: 1324, kcal: 316

Beilage: Salzkartoffeln und zerlassene Butter.

Würziges Muschelragout
Raffiniert

(Römertopf 3-Liter-Inhalt)
4 Portionen

Zutaten:
500 g TK-Muschelfleisch
  (Miesmuscheln)
2 Zucchini (etwa 300 g)
200 g festkochende Kartoffeln
200 g getrocknete Tomaten
1 kleine Dose Artischocken-
  herzen (Abtropfgewicht 240 g)
einige Stängel Zitronenthymian
1 Döschen (0,2 g) Safranfäden
  oder -pulver
Salz
frisch gemahlener Pfeffer
100 ml Fischfond oder
  Gemüsebrühe

Zubereitungszeit: **25 Minuten,
ohne Auftauzeit**
Garzeit: **etwa 60 Minuten**

1_ Muschelfleisch nach Packungsanleitung auftauen lassen.

2_ Zucchini waschen, abtrocknen und die Enden abschneiden.
Zucchini längs vierteln und in kleine Stücke schneiden.
Kartoffeln waschen, schälen, abspülen, abtropfen lassen und
in kleine Würfel schneiden.

3_ Getrocknete Tomatenstücke nochmals halbieren. Artischocken-
herzen auf einem Sieb abtropfen lassen und vierteln. Zitronenthymian abspülen und trocken tupfen. Muschelfleisch kurz
abspülen und trocken tupfen.

4_ Zucchinistücke mit Kartoffelwürfeln, Tomatenstücken, Arti-
schockenherzen, Zitronenthymian und Muschelfleisch in einer
Schüssel mischen. Mit Safran, Salz und Pfeffer herzhaft würzen.

5_ Das Muschelragout in einen gewässerten Römertopf geben und
Fond oder Brühe hinzugießen. Den Römertopf mit dem Deckel
verschließen und auf dem Rost in den kalten Backofen schieben.
Ober-/Unterhitze: etwa 220 °C (untere Einschubleiste)
Heißluft: etwa 200 °C
Garzeit: etwa 60 Minuten.

Pro Portion: E: 25 g, F: 2 g, Kh: 39 g, kJ: 1181, kcal: 280

Tipp: Anstelle von Miesmuscheln können auch Grünschal- oder
Kammmuscheln verwendet werden.

Muscheln in Tomatensud

Für Gäste

(Römertopf 4-Liter-Inhalt)
4 Portionen

Zutaten:
2 kg Miesmuscheln
3 Frühlingszwiebeln
2 Knoblauchzehen
1 Stange Staudensellerie
1 dicke Möhre
4 reife Tomaten
½ Bund Thymian
300 ml Tomatensaft

Zubereitungszeit: **35 Minuten**
Garzeit: **etwa 45 Minuten**

1_ Miesmuscheln in reichlich kaltem Wasser gründlich waschen, einzeln abbürsten, bis sie nicht mehr sandig sind (Muscheln, die sich beim Waschen öffnen, sind nicht genießbar).

2_ Frühlingszwiebeln putzen, waschen, abtropfen lassen und in Ringe schneiden. Knoblauch in der Schale zerdrücken. Selleriestange putzen, die harten Außenfäden abziehen. Selleriestange waschen, abtropfen lassen und in kleine Würfel schneiden. Selleriegrün zum Garnieren beiseitelegen.

3_ Möhre putzen, waschen, abtropfen lassen und ebenfalls in Würfel schneiden. Tomaten waschen, trocken tupfen, vierteln, entkernen und die Stängelansätze herausschneiden. Thymian abspülen und trocken tupfen.

4_ Muscheln, Zwiebelringe, Knoblauch, Sellerie-, Möhrenwürfel und Tomatenviertel in einen gewässerten Römertopf geben. Thymian untermengen. Tomatensaft hinzugießen.

5_ Den Römertopf mit dem Deckel verschließen und auf dem Rost in den kalten Backofen schieben.
Ober-/Unterhitze: etwa 200 °C (untere Einschubleiste)
Heißluft: etwa 180 °C
Garzeit: etwa 45 Minuten.

6_ Alle Muscheln, die nicht aufgegangen sind, müssen aussortiert werden, da sie ungenießbar sind. Die Muscheln in tiefe Teller verteilen, jeweils etwas von dem Tomatensud darüber geben und mit klein geschnittenem Selleriegrün bestreut sofort servieren.

Pro Portion: E: 11 g, F: 2 g, Kh: 10 g, kJ: 443, kcal: 106

Beilage: Frisches Ofenbaguette oder Knoblauchbrot.

Mediterraner Fischtopf

Etwas teurer

(Römertopf 3-Liter-Inhalt)
4 Portionen

Zutaten:

1 Fenchelknolle (etwa 200 g)
4 Tomaten (etwa 200 g)
4 Schalotten (etwa 100 g)
4 Knoblauchzehen
1 dicke Möhre (etwa 100 g)
Salz
frisch gemahlener Pfeffer
1 Chilischote
1 Dose (0,2 g) Safranfäden
2 Zweige Thymian
2 Lorbeerblätter
2 Nelken
1 cl Pernod (Anislikör)
600 ml Fischfond (aus dem Glas)
12 TK-Garnelen ohne Kopf und
   Schale
400 g Herzmuscheln
400 g Seeteufelfilet
400 g Knurrhahnfilet
1 Topf Basilikum
2 EL Olivenöl

Zubereitungszeit: **55 Minuten,
ohne Auftauzeit**
Garzeit: **70–75 Minuten**

1_ Von der Fenchelknolle die Stiele dicht oberhalb der Knolle abschneiden. Braune Stellen und Blätter entfernen (Fenchelgrün beiseitelegen). Die Knolle waschen, abtropfen lassen, zuerst in Scheiben, dann in feine Streifen schneiden.

2_ Tomaten waschen, trocken tupfen und die Stängelansätze entfernen. Tomaten vierteln, entkernen. Fruchtfleisch beiseitelegen. Schalotten und Knoblauch abziehen. Schalotten zuerst in Scheiben schneiden, dann in Ringe teilen. Knoblauch durch eine Knoblauchpresse drücken. Möhre putzen, schälen, waschen abtropfen lassen und in kleine Würfel schneiden.

3_ Fenchelstreifen, Tomatenkerne, Schalottenringe, Knoblauch und Möhrenwürfel in einen gewässerten Römertopf geben. Mit Salz und Pfeffer würzen. Chilischote abspülen, abtrocknen und etwas zerdrücken. Chilischote, Safran, Thymian, Lorbeerblätter und Nelken hinzufügen. Pernod und Fond hinzugießen.

4_ Den Römertopf mit dem Deckel verschließen und auf dem Rost in den kalten Backofen schieben.
Ober-/Unterhitze: etwa 200 °C (untere Einschubleiste)
Heißluft: etwa 180 °C
Garzeit: 70–75 Minuten.

5_ Garnelen auftauen lassen. Garnelen, Muscheln und Fischfilets unter fließendem kalten Wasser abspülen und trocken tupfen. Fischfilets in jeweils 4 Portionen teilen.

6_ Nach etwa 60 Minuten Garzeit die Garnelen, Muscheln und Fischfilets in den Römertopf geben und weitere 10–15 Minuten mit Deckel garen.

7_ Beiseite gelegtes Tomatenfruchtfleisch in Würfel schneiden. Basilikum abspülen und trocken tupfen. Die Blättchen von den Stängeln zupfen. Blättchen in feine Streifen schneiden. Zuletzt Tomatenwürfel und Basilikumstreifen unter den Fischtopf rühren. Mit Olivenöl, Salz und Pfeffer abschmecken.

8_ Den Fischtopf mit dem beiseite gelegten Fenchelgrün garniert servieren.

Pro Portion: E: 52 g, F: 9 g, Kh: 10 g, kJ: 1410, kcal: 336

Beilage: Geröstetes Baguette und Knoblauchmayonnaise.

Gemischte Meeresfrüchte mit Garnelen

Exotisch

(Römertopf 3-Liter-Inhalt)

4 Portionen

Zutaten:

500 g gemischte TK-Meeres-
früchte

8 TK-Garnelen (etwa 200 g)

2 rote Peperoni (etwa 20 g)

je 1 rote und grüne Paprikaschote (etwa 400 g)

1 Stängel Zitronengras

100 g Langkornreis

Salz

frisch gemahlener Pfeffer

1 EL rosa Pfefferbeeren

2 EL Fischsauce (erhältlich im
Asia-Shop) oder Sojasauce

1 Dose (400 ml) Kokosmilch

Zubereitungszeit: **25 Minuten,
ohne Auftauzeit**

Garzeit: **etwa 75 Minuten**

1_ Meeresfrüchte und Garnelen nach Packungsanleitung auftauen oder antauen lassen.

2_ Peperoni längs aufschneiden und entkernen. Paprikaschoten halbieren, entstielen, entkernen und die weißen Scheidewände entfernen. Peperoni und Paprikaschoten waschen und trocken tupfen. Peperoni quer in schmale Streifen, Paprikaschoten in grobe Würfel schneiden. Zitronengrasstängel von der äußeren Schale befreien, abspülen, trocken tupfen und längs vierteln (so kann das Aroma besser in das Kochgut übergehen).

3_ Meeresfrüchte und Garnelen unter fließendem kalten Wasser abspülen, trocken tupfen und in eine Schüssel geben. Pepero-nistreifen, Paprikawürfel und Reis hinzufügen, gut vermischen. Mit Salz, Pfeffer, Pfefferbeeren, Fischsauce oder Sojasauce und Zitronengrasstücken würzen. Die Meeresfrüchte-Garnelen-Mischung in einen gewässerten Römertopf geben. Kokosmilch hinzugießen.

4_ Den Römertopf mit dem Deckel verschließen und auf dem Rost in den kalten Backofen schieben.
Ober-/Unterhitze: etwa 220 °C (untere Einschubleiste)
Heißluft: etwa 200 °C
Garzeit: etwa 75 Minuten.

5_ Den Römertopf aus dem Backofen nehmen und Zitronen-grasstücke entfernen.

Pro Portion: E: 33 g, F: 20 g, Kh: 30 g, kJ: 1812, kcal: 436

Kürbisgemüse
mit Ananas und Birnen
Für Kinder

(Römertopf 3-Liter-Inhalt)
4 Portionen

Zutaten:
1 Kürbis, z. B. Hokkaido
   (etwa 1,4 kg, Fruchtfleisch
   etwa 800 g)
1 frische Ananas
   (Fruchtfleisch etwa 600 g)
3 festkochende Birnen
   (Forelle, etwa 500 g)
etwas getrocknete Zitronenverbene (gibt es als Tee im
   Bio-Laden) oder einige Stängel
   Zitronenverbene
50 g Pinienkerne
40 g Butter
1 EL rote Pfefferbeeren
2 EL Crema di Balsamico
1 EL Currypaste

Zubereitungszeit: **45 Minuten**
Garzeit: **etwa 30 Minuten**

1_ Den Kürbis vierteln oder achteln. Die Kerne mit einem Löffel herauskratzen. Die Kürbisspalten schälen. Das Kürbisfleisch (etwa 800 g) in mundgerechte Stücke schneiden.

2_ Ananas schälen, halbieren und den Strunk herausschneiden. Ananas (etwa 600 g) in Stücke schneiden.

3_ Birnen waschen, abtrocknen, vierteln und entkernen. Birnen-viertel in grobe Stücke schneiden.

4_ Frische Zitronenverbene abspülen, trocken tupfen und in Stücke zupfen. Pinienkerne in einer Pfanne ohne Fett anrösten.

5_ Butter in einem großen Topf erhitzen und Kürbis-, Ananas- und Birnenstücke darin portionsweise andünsten. Pinienkerne, getrocknete oder frische Zitronenverbene und rote Pfefferbeeren hinzugeben.

6_ Die Fruchtmasse in einen gewässerten Römertopf füllen und mit dem Deckel verschließen. Den Römertopf auf dem Rost in den kalten Backofen schieben.
Ober-/Unterhitze: etwa 220 °C (untere Einschubleiste)
Heißluft: etwa 200 °C
Garzeit: etwa 30 Minuten.

7_ Crema di Balsamico und Currypaste kurz vor dem Servieren unterrühren.

Pro Portion: E: 7 g, F: 16 g, Kh: 46 g, kJ: 1539, kcal: 368

Tipp: Als nicht vegetarisches Essen kleine, gegrillte Putensteaks dazureichen.

Currygemüse mit Nüssen
Raffiniert

(Römertopf 3-Liter-Inhalt)
4 Portionen

Zutaten:
1 Spitzkohl (etwa 600 g)
4 Möhren (etwa 400 g)
600 g Staudensellerie
50 g Kokos-Chips
    (erhältlich im Reformhaus)
50 g Cashewkerne, geröstet
    und gesalzen
50 g Erdnusskerne, geröstet
    und gesalzen
1 EL grüne Currypaste
Salz
frisch gemahlener Pfeffer
200 ml Gemüsebrühe

Zubereitungszeit: **20 Minuten**
Garzeit: **etwa 80 Minuten**

1_ Spitzkohl putzen, vierteln und den Strunk herausschneiden. Spitzkohl in grobe Würfel schneiden, waschen und abtropfen lassen. Möhren putzen, schälen, abspülen, abtropfen lassen und in Scheiben schneiden.

2_ Sellerie putzen und die harten Außenfäden abziehen. Sellerie waschen, abtropfen lassen und in etwa 3 cm lange Stücke schneiden.

3_ Vorbereitetes Gemüse in einer Schüssel mischen, Kokos-Chips, Cashew- und Erdnusskerne untermengen. Mit Currypaste, Salz und Pfeffer würzen. Die Gemüsemischung in einen gewässerten Römertopf geben, Brühe hinzugießen.

4_ Den Römertopf mit dem Deckel verschließen und auf dem Rost in den kalten Backofen schieben.
Ober-/Unterhitze: 200–220 °C (untere Einschubleiste)
Heißluft: 180–200 °C
Garzeit: etwa 80 Minuten.

Pro Portion: E: 11 g, F: 21 g, Kh: 16 g, kJ: 1229, kcal: 296

Tipp: Einige Kokos-Chips beiseitelegen und nach dem Garen auf das fertige Gericht streuen.
Das Currygemüse kann auch mit anderen Gemüsesorten zubereitet werden, z. B. mit Blumenkohlröschen, Zuckerschoten, Brokkoli und Wirsing.

Eine würzige, fruchtige Variante: 200 g frische Ananasstücke (oder abgetropfte Ananasstücke aus der Dose) und 1 scharfe, in kleine Würfel geschnittene Chilischote hinzugeben. Falls das geputzte, klein geschnittene Gemüse nicht komplett in den Römertopf passt, einen Teil des Gemüses in einem Topf kurz angaren und in den kalten Römertopf geben. Restliches Gemüse untermischen.

Gemüseragout mit Kartoffeln

Preiswert

(Römertopf 3-Liter-Inhalt)
4 Portionen

Zutaten:

1 Gemüsezwiebel (etwa 250 g)

2 Zucchini (etwa 450 g)

2 rote Paprikaschoten
  (etwa 500 g)

2 grüne Paprikaschoten
  (etwa 450 g)

200 g Knollensellerie

1 Aubergine (etwa 250 g)

4 Tomaten (etwa 400 g)

400 g festkochende Kartoffeln

1 Bund Thymian

½ Bund Majoran

4 Knoblauchzehen

80 ml Olivenöl

Salz

frisch gemahlener Pfeffer

Zubereitungszeit: 50 Minuten
Garzeit: 50–60 Minuten

1_ Zwiebel abziehen. Zucchini waschen, abtrocknen und die Enden abschneiden. Paprikaschoten halbieren, entstielen, entkernen und die weißen Scheidewände entfernen. Schotenhälften waschen und abtropfen lassen. Knollensellerie putzen, schälen, abspülen und abtropfen lassen. Aubergine waschen, abtrocknen und den Stängelansatz entfernen. Tomaten waschen, trocken tupfen, halbieren und die Stängelansätze herausschneiden.

2_ Kartoffeln schälen, abspülen und abtropfen lassen. Die vorbereiteten Zutaten in Würfel schneiden.

3_ Thymian und Majoran abspülen und trocken tupfen. Die Blättchen von den Stängeln zupfen. Einige Majoranblättchen zum Garnieren beiseitelegen. Knoblauch abziehen und durch eine Knoblauchpresse drücken.

4_ Olivenöl in einer großen Pfanne erhitzen. Die Gemüse- und Kartoffelwürfel darin in 3 Portionen bei mittlerer Hitze andünsten. Thymian-, Majoranblättchen und Knoblauch unterrühren. Mit Salz und Pfeffer kräftig abschmecken. Die Gemüsemasse in einen gewässerten Römertopf geben.

5_ Den Römertopf mit dem Deckel verschließen und auf dem Rost in den kalten Backofen schieben.
Ober-/Unterhitze: etwa 200 °C (untere Einschubleiste)
Heißluft: etwa 180 °C
Garzeit: 50–60 Minuten.

6_ Das Gemüseragout auf Tellern verteilen und mit den beiseite gelegten Majoranblättchen garnieren.

Pro Portion: E: 8 g, F: 22 g, Kh: 31 g, kJ: 1498, kcal: 357

Tipp: Gemüseragout als vegetarisches Gericht oder als Beilage zu Lammbraten oder kurz gebratenem Fleisch reichen.

Schwarzwurzel-Gratin

Schnell zuzubereiten

(Römertopf 3-Liter-Inhalt)
4 Portionen

Zutaten:

4 Gläser Schwarzwurzeln
 (Abtropfgewicht je 320 g)
4 Frühlingszwiebeln (etwa 160 g)
2 Becher (je 250 g) Crème fraîche
4 Eier (Größe M)
Salz
frisch gemahlener Pfeffer
frisch geriebene Muskatnuss
40 g Pinienkerne

Zubereitungszeit: **20 Minuten**
Garzeit: **etwa 65 Minuten**

1_ Schwarzwurzeln auf ein Sieb geben und gut abtropfen lassen.

2_ Frühlingszwiebeln putzen, waschen, abtropfen lassen und in dünne Scheiben schneiden.

3_ Crème fraîche mit Eiern verschlagen, mit Salz, Pfeffer und Muskat würzen. Schwarzwurzeln mit Frühlingszwiebelscheiben und dem Eierguss in einer Schüssel mischen.

4_ Die Gemüsemischung in einen gewässerten Römertopf geben und mit Pinienkernen bestreuen. Den Römertopf mit dem Deckel verschließen und auf dem Rost in den kalten Backofen schieben.
Ober-/Unterhitze: etwa 220 °C (untere Einschubleiste)
Heißluft: etwa 200 °C
Garzeit: etwa 65 Minuten.

5_ Nach etwa 60 Minuten Garzeit den Deckel abnehmen und die Backofentemperatur um etwa 20 °C erhöhen. Den Römertopf (ohne Deckel) erneut in den Backofen schieben. Das Gratin etwa 5 Minuten überbacken.

Pro Portion: E: 18 g, F: 50 g, Kh: 12 g, kJ: 2386, kcal: 577

Vegetarische Wirsingrouladen

Gut vorzubereiten

(Römertopf 3-Liter-Inhalt)
4 Portionen

Zutaten:
1 ½ l Gemüsebrühe
120 g Grünkern
120 g Vollkornreis
12 vorbereitete Wirsingblätter
Salzwasser
100 g Sultaninen
50 g gestiftelte Mandeln
200 g Schafkäse
Salz
frisch gemahlener Pfeffer
Garam Masala
   (indische Gewürzmischung)

Für den Guss:
3 Stängel Minze
2 Becher (je 150 g) Crème fraîche
300 g Joghurt

200 g geriebener Gouda

Zubereitungszeit: **50 Minuten**
Garzeit: **etwa 50 Minuten**

1_ Brühe in einem Topf zum Kochen bringen. Grünkern und Vollkornreis hinzufügen, wieder zum Kochen bringen und etwa 25 Minuten garen. Kurz vor Ende der Garzeit die Grünkern-Reis-Masse gelegentlich umrühren, da die gesamte Flüssigkeit von dem Reis und Grünkern aufgenommen werden soll.

2_ Wirsingblätter abspülen, abtropfen lassen und portionsweise in kochendem Salzwasser etwa 8 Minuten garen. Wirsingblätter mit einem Schaumlöffel herausnehmen, mit kaltem Wasser abschrecken und auf einem Sieb abtropfen lassen.

3_ Die Grünkern-Reis-Mischung mit Sultaninen, Mandeln und zerbröseltem Schafkäse vermengen. Mit Salz, Pfeffer und Garam Masala pikant abschmecken.

4_ Wirsingblätter auf der Arbeitsfläche ausbreiten. Die Grünkern-Reis-Sultaninen-Masse darauf verteilen. Wirsingblätter einschlagen und aufrollen. Die Wirsingrouladen mit der Nahtseite nach unten dicht nebeneinander in einen gewässerten Römertopf setzen.

5_ Für den Guss Minze abspülen und trocken tupfen. Die Blättchen von den Stängeln zupfen. Blättchen klein schneiden.

6_ Crème fraîche mit Joghurt verrühren, Minze unterrühren. Den Guss mit Garam Masala würzen und auf den Wirsingrouladen verteilen. Den Römertopf mit dem Deckel verschließen und auf dem Rost in den kalten Backofen schieben.
Ober-/Unterhitze: etwa 220 °C (untere Einschubleiste)
Heißluft: etwa 200 °C
Garzeit: etwa 50 Minuten.

7_ Nach etwa 40 Minuten Garzeit die Backofentemperatur um etwa 20 °C erhöhen. Den Deckel von dem Römertopf entfernen. Die Wirsingrouladen mit Käse bestreuen und weitere etwa 10 Minuten ohne Deckel garen.

Pro Portion: E: 37 g, F: 57 g, Kh: 68 g, kJ: 3985, kcal: 955

Tipp: Sie können den Auflauf auch unter dem vorgeheizten Grill etwa 10 Minuten überbacken.

Lauch mit Fetakäse

Einfach

(Römertopf 3-Liter-Inhalt)

4 Portionen

Zutaten:

4 Stangen Porree
   (Lauch, etwa 1 kg)
3 Schalotten (etwa 150 g)
4 Knoblauchzehen
2 EL Speiseöl
Salz
frisch gemahlener Pfeffer
200 ml Brühe oder Gemüsefond
400 g Fetakäse

Außerdem:

1 kleines Bund Bärlauch
80 g weiche, gesalzene Butter
1 kleines Baguette

Zubereitungszeit: **30 Minuten**
Garzeit: **etwa 55 Minuten**

1_ Porree putzen, die Stangen längs halbieren, gründlich waschen und abtropfen lassen. Porreestangen in Größe des Römertopfes schneiden. Die Porreestangen längs in einen gewässerten Römertopf schichten.

2_ Schalotten und Knoblauch abziehen, in Scheiben schneiden. Speiseöl in einer Pfanne erhitzen. Schalotten- und Knoblauchscheiben darin andünsten und auf den Porreestangen verteilen. Mit Salz und Pfeffer würzen. Porreestangen mit Brühe oder Fond übergießen.

3_ Den Römertopf mit dem Deckel verschließen und auf dem Rost in den kalten Backofen schieben.
Ober-/Unterhitze: etwa 220 °C (untere Einschubleiste)
Heißluft: etwa 200 °C
Garzeit: etwa 50 Minuten.

4_ In der Zwischenzeit Käse in Würfel schneiden. Nach etwa 50 Minuten Garzeit die Käsewürfel auf den Porreestangen verteilen und **weitere 5 Minuten bei gleicher Backofeneinstellung garen.**

5_ Bärlauch putzen, waschen und trocken tupfen. Bärlauch klein schneiden und mit der weichen Butter verrühren.

6_ Baguette in Scheiben schneiden und mit der Bärlauchbutter bestreichen. Die Baguettescheiben in einer beschichteten Pfanne von beiden Seiten rösten.

7_ Porree mit Fetakäse mit dem Bärlauchbaguette servieren.

Pro Portion: E: 26 g, F: 42 g, Kh: 38 g, kJ: 2665, kcal: 637

Tipp: Anstelle von Bärlauchbutter kann auch Knoblauch- oder Kräuterbutter verwendet werden.

Kartoffelgulasch
mit Paprika und Zwiebeln
Raffiniert

(Römertopf 3-Liter-Inhalt)
4 Portionen

Zutaten:
1 kg festkochende Kartoffeln
200 g rote Zwiebeln
je 1 rote und gelbe Paprikaschote
6 mittelgroße Tomaten
1 rote Chilischote
500 ml (½ l) Gemüsebrühe
Salz
frisch gemahlener Pfeffer

Für die Paste:
1 TL Kümmelsamen
2 Knoblauchzehen
1 Bio-Zitrone (unbehandelt)
1 Bund glatte Petersilie oder
   1 Bund Majoran
2 EL Butter

Zubereitungszeit: **40 Minuten**
Garzeit: **etwa 80 Minuten**

1_ Kartoffeln schälen, abspülen, abtropfen lassen und in Viertel schneiden. Zwiebeln abziehen und in kleine Würfel schneiden. Paprikaschoten halbieren, entstielen, entkernen, die weißen Scheidewände entfernen. Schotenhälften abspülen, trocken tupfen und in Stücke schneiden.

2_ Tomaten waschen, abtrocknen und die Stängelansätze herausschneiden. Tomaten in Würfel schneiden. Chilischote abspülen, trocken tupfen, halbieren, entkernen und sehr klein schneiden.

3_ Kartoffelviertel, Zwiebelwürfel, Paprikastücke, Tomatenwürfel und Chilistückchen in einen gewässerten Römertopf geben. Gemüsebrühe hinzugießen. Mit Salz und Pfeffer würzen. Den Römertopf mit dem Deckel verschließen und auf dem Rost in den kalten Backofen schieben.
Ober-/Unterhitze: etwa 180 °C (untere Einschubleiste)
Heißluft: etwa 160 °C
Garzeit: etwa 80 Minuten.

4_ Für die Paste Kümmelsamen fein hacken oder mit der Breitseite einer Messerklinge zerdrücken. Knoblauchzehen abziehen und durch eine Knoblauchpresse drücken. Zitrone heiß abwaschen und abtrocknen. Zitrone mit einem Sparschäler oder Zestenreißer dünn schälen. Zitronenschale fein hacken. Petersilie oder Majoran abspülen und trocken tupfen. Blättchen von den Stängeln zupfen und fein hacken. Butter mit den vorbereiteten Zutaten zu einer Paste vermengen und kalt stellen.

5_ Kartoffelgulasch nach etwa 70 Minuten Garzeit mit der Paste abschmecken und weitere etwa 10 Minuten garen.

Pro Portion: E: 7 g, F: 5 g, Kh: 51 g, kJ: 1056, kcal: 252

Tipp: Im Sommer schmeckt das Kartoffelgulasch auch lauwarm mit Pesto sehr gut.

Vegetarisches Chili
Raffiniert

(Römertopf 4-Liter-Inhalt)
4 Portionen

Zutaten:
je 2 rote und gelbe Paprikaschoten
150 g Zwiebeln
3 Knoblauchzehen
1 Dose Kidney-Bohnen
  (Abtropfgewicht 225 g)
1 Dose Gemüsemais
  (Abtropfgewicht 225 g)
150 g Staudensellerie
1 Flasche (200 ml) Chilisauce
200 ml Tomatenketchup
Salz
1 Msp. gemahlener
  Kreuzkümmel (Cumin)
1 Msp. gemahlener Zimt
250 g reife Tomaten
1 Bio-Orange (unbehandelt)
½ TL Chilipulver
1 Bund Koriander

Zubereitungszeit: **50 Minuten**
Garzeit: **etwa 60 Minuten**

1_ Paprikaschoten halbieren, entstielen, entkernen und die weißen
Scheidewände entfernen. Schotenhälften waschen, trocken
tupfen und in etwa 2 cm große Würfel schneiden. Zwiebeln und
Knoblauch abziehen. Zwiebeln in Spalten schneiden. Knoblauch
durch eine Knoblauchpresse drücken. Bohnen und Mais jeweils
auf einem Sieb abtropfen lassen. Sellerie putzen und die harten
Außenfäden abziehen, Sellerie waschen, abtropfen lassen und in
Würfel schneiden.

2_ Paprikawürfel, Zwiebelspalten, Knoblauch, Bohnen, Mais und
Selleriewürfel in einen gewässerten Römertopf geben. Die
Zutaten gut vermengen. Chilisauce und Tomatenketchup unter-
rühren. Mit Salz, Kreuzkümmel und Zimt würzen. Den Römertopf
mit dem Deckel verschließen und auf dem Rost in den kalten
Backofen schieben.
Ober-/Unterhitze: etwa 200 °C (untere Einschubleiste)
Heißluft: etwa 180 °C
Garzeit: etwa 60 Minuten.

3_ Tomaten waschen, trocken tupfen, vierteln, entkernen und die
Stängelansätze herausschneiden. Tomaten in Spalten schneiden.
Orange heiß abwaschen, abtrocknen und die Schale abreiben.
Orange halbieren und den Saft auspressen. Nach etwa 50 Minu-
ten Garzeit die Tomatenspalten unter das Chili heben und mit
Deckel weitere 10 Minuten garen.

4_ Orangensaft und -schale unterrühren. Mit Chili und Salz abschmecken.

5_ Koriander abspülen und trocken tupfen. Die Blättchen von den
Stängeln zupfen. Chili mit Korianderblättchen bestreut servieren.

Pro Portion: E: 13 g, F: 3 g, Kh: 53 g, kJ: 1272, kcal: 304

Tipp: Das Chili schmeckt mit Crème fraîche und geriebenem
Cheddar-Käse besonders lecker.

Paprika „Mexikanisch"

Für Gäste

(Römertopf 4-Liter-Inhalt)
4 Portionen

Zutaten:
4 große grüne Paprikaschoten
1 Aubergine (etwa 250 g)
2 Zwiebeln
3 Knoblauchzehen
8 EL Olivenöl
120 g Arborio-Reis
   (Rundkornreis)
400 ml Gemüsebrühe
2 Fleischtomaten (je etwa 180 g)
½ TL Salz
frisch gemahlener Pfeffer
½ TL Paprikapulver rosenscharf
1 gestr. TL geschroteter
   Koriandersamen

1 Bund glatte Petersilie

Zubereitungszeit: **35 Minuten**
Garzeit: **etwa 20 Minuten für**
die Füllung
Garzeit: **etwa 65 Minuten für die**
Paprikaschoten

1_ Paprika abspülen, abtrocknen, am Stielende je einen Deckel abschneiden und mit einem Löffel die Kerne und die weißen Scheidewände entfernen. Aubergine waschen, den Stängelansatz abschneiden. Aubergine in etwa 1 cm große Würfel schneiden. Zwiebeln und Knoblauch abziehen, in kleine Würfel schneiden.

2_ Olivenöl in einer Pfanne erhitzen. Auberginenwürfel von allen Seiten kräftig darin anbraten. Zwiebel- und Knoblauchwürfel hinzugeben und mit andünsten. Reis hinzufügen und glasig dünsten. Etwa 250 ml (¼ l) Brühe zugießen, zum Kochen bringen und zugedeckt bei schwacher Hitze etwa 20 Minuten garen.

3_ Tomaten waschen, abtropfen lassen, halbieren, die Stängelansätze herausschneiden. Tomaten würfeln und zu der Reis-Auberginen-Mischung geben. Mit Salz, Pfeffer, Paprika und Koriander würzen.

4_ Die Masse in die vorbereiteten Paprikaschoten füllen und in einen gewässerten Römertopf geben. Eventuell übrig gebliebene Reis-Auberginen-Masse mit in den Römertopf geben. Restliche Brühe hinzugießen. Die Paprikadeckel wieder auflegen.

5_ Den Römertopf mit dem Deckel verschließen und auf dem Rost in den kalten Backofen schieben.
Ober-/Unterhitze: etwa 200 °C (untere Einschubleiste)
Heißluft: etwa 180 °C
Garzeit: etwa 65 Minuten.

6_ Petersilie abspülen und trocken tupfen. Die Blättchen von den Stängeln zupfen. Blättchen fein hacken. Die Paprikaschoten mit Petersilie bestreuen und nach Belieben mit etwas Garflüssigkeit servieren.

Pro Portion: E: 6 g, F: 21 g, Kh: 33 g, kJ: 1458, kcal: 347

Gefüllte Paprikaschoten
Für Kinder

(Römertopf 4-Liter-Inhalt)
4 Portionen

Zutaten:
4 gelbe Paprikaschoten
Salz
frisch gemahlener Pfeffer
2 Dosen Kidney-Bohnen
  (Abtropfgewicht je 250 g)
2 Dosen Chilibohnen
  (Einwaage je 425 g)
2 Knoblauchzehen
250 g Mozzarella

200 g saure Sahne
Paprikapulver edelsüß

Nach Belieben:
etwas heller Saucenbinder
Paprikapulver edelsüß

Zubereitungszeit: **25 Minuten**
Garzeit: **etwa 50 Minuten**

1_ Paprikaschoten waagerecht halbieren, entkernen und die weißen Scheidewände entfernen. Schotenhälften waschen und abtropfen lassen.

2_ Paprikahälften in einen gewässerten Römertopf legen. Mit Salz und Pfeffer bestreuen.

3_ Kidney-Bohnen auf einem Sieb abtropfen lassen und mit den Chilibohnen (mit Sauce) mischen. Knoblauch abziehen, durch eine Knoblauchpresse drücken und unter die Bohnenmischung rühren, mit Salz und Pfeffer abschmecken.

4_ Die Bohnenmischung in den Paprikahälften verteilen. Mozzarella in Scheiben schneiden und darauf legen.

5_ Den Römertopf mit dem Deckel verschließen und auf dem Rost in den kalten Backofen schieben.
Ober-/Unterhitze: etwa 200 °C (untere Einschubleiste)
Heißluft: etwa 180 °C
Garzeit: etwa 50 Minuten.

6_ Nach etwa 30 Minuten Garzeit den Deckel abnehmen und die Paprikaschoten fertig garen.

7_ Paprikaschoten aus dem Römertopf nehmen. Saure Sahne unter die Schmorflüssigkeit rühren, nochmals mit Salz, Pfeffer und Paprika abschmecken. Nach Belieben mit Saucenbinder binden. Die Sauce auf den Paprikaschoten verteilen oder dazureichen. Paprikaschoten mit Paprikapulver bestreuen.

Pro Portion: E: 33 g, F: 23 g, Kh: 42 g, kJ: 2166, kcal: 517

Blumenkohl-Curry

Einfach

(Römertopf 4-Liter-Inhalt)
4 Portionen

Zutaten:
1 Kopf Blumenkohl (etwa 1 kg)
2 Zwiebeln
600 g Kartoffeln
2 Äpfel
2 rote Paprikaschoten
Salz
3 gestr. EL Currypulver
1 TL gemahlener Kreuzkümmel
  (Cumin)
frisch gemahlener Pfeffer
125 ml (⅛ l) Blumenkohlwasser
1 Becher (200 g) Schmand oder
  Crème fraîche
25 g Weizenmehl
50 g Kürbiskerne ohne Schale

Zubereitungszeit: **35 Minuten**
Garzeit: **etwa 70 Minuten**

1_ Von dem Blumenkohl Blätter und schlechte Stellen entfernen. Strunk abschneiden. Blumenkohl in kleine Röschen teilen.

2_ Blumenkohlröschen waschen, abtropfen lassen und in kochendem Salzwasser etwa 6 Minuten blanchieren. Anschließend auf ein Sieb geben, das Blumenkohlwasser dabei auffangen und 125 ml (⅛ l) davon abmessen.

3_ Zwiebeln abziehen und in kleine Würfel schneiden. Kartoffeln schälen, abspülen, abtropfen lassen und in kleine Würfel schneiden. Äpfel schälen, vierteln, entkernen und ebenfalls würfeln. Paprikaschoten halbieren, entstielen, entkernen, die weißen Scheidewände entfernen. Schotenhälften waschen, trocken tupfen und klein würfeln.

4_ Blumenkohlröschen, Zwiebel-, Kartoffel-, Apfel- und Paprikawürfel in einen gewässerten Römertopf geben und gut vermengen. Mit Salz, Curry, Kreuzkümmel und Pfeffer würzen.

5_ Aufgefangenes Blumenkohlwasser mit Schmand oder Crème fraîche und Mehl gut verrühren, mit den Gewürzen kräftig abschmecken. Das Gemüse damit übergießen. Mit Kürbiskernen bestreuen.

6_ Den Römertopf mit dem Deckel verschließen und auf dem Rost in den kalten Backofen schieben.
Ober-/Unterhitze: etwa 200 °C (untere Einschubleiste)
Heißluft: etwa 180 °C
Garzeit: etwa 70 Minuten.

Pro Portion: E: 13 g, F: 17 g, Kh: 43 g, kJ: 1624, kcal: 388

Gefüllte Auberginen

Kalorienarm

(Römertopf 4-Liter-Inhalt)
4 Portionen

Zutaten:
4 Auberginen (je 200 g)
Salz
150 g Porree (Lauch)
½ Glas (etwa 140 g) getrocknete
   Tomaten in Öl
200 g Vollkornreis
2–3 TL Kräuter der Provence
500 ml (½ l) Gemüsebrühe
Salz
frisch gemahlener Pfeffer
Paprikapulver rosenscharf
2 Dosen (je 425 ml) Pizzatomaten

Zubereitungszeit: **60 Minuten**
Garzeit: **etwa 60 Minuten**

1_ Auberginen putzen, waschen und der Länge nach halbieren.
Das Fruchtfleisch kreuzweise einritzen, dabei rundherum einen
etwa 1 cm breiten Rand lassen. Die Auberginenhälften salzen und
30 Minuten durchziehen lassen.

2_ Porree putzen, die Stange längs halbieren, gründlich waschen,
abtropfen lassen und in halbe Ringe schneiden. Getrocknete
Tomaten abtropfen lassen, dabei das Öl auffangen und 2 Esslöffel davon in einem Topf erhitzen.

3_ Die Tomaten hacken und mit Porree, Reis und 1 Teelöffel der
Kräuter in dem erhitzten Öl andünsten. Mit Brühe ablöschen und
zugedeckt bei milder Hitze etwa 25 Minuten dünsten.

4_ Auberginenhälften umdrehen, abtropfen lassen, das Fruchtfleisch (bis auf den markierten Rand) auslösen und würfeln.
Reis mit Salz, Pfeffer und Paprika würzen und in die Auberginen
füllen.

5_ Pizzatomaten, Auberginenwürfel und restliche Kräuter mischen
und in den gewässerten Römertopf füllen. Die gefüllten Auberginen darauf setzen. Den Römertopf mit dem Deckel verschließen
und auf dem Rost in den kalten Backofen schieben.
Ober-/Unterhitze: etwa 200 °C (untere Einschubleiste)
Heißluft: etwa 180 °C
Garzeit: etwa 60 Minuten.

6_ Die Tomatenmasse durch ein Sieb streichen und mit Salz,
Pfeffer und Paprika würzen. Auberginen mit der Tomatensauce
anrichten.

Pro Portion: E: 9 g, F: 3 g, Kh: 48 g, kJ: 1123, kcal: 267

Tipp: Das Rezept lässt sich auch gut für 2 Portionen zubereiten.
Dafür die Zutatenmengen halbieren und evtl. in einem kleinen
Römertopf zubereiten.

Zimtstreusel-Pflaumen
Mit Alkohol

(Römertopf 4-Liter-Inhalt)
4 Portionen

Zutaten:
1 Pck. Streuselteig
  (400 g Grundmischung)
125 g weiche Butter
1 Ei (Größe M)
2 gestr. TL gemahlener Zimt

2 Gläser Pflaumenhälften
  (gezuckert, Abtropfgewicht
  je 385 g)
100 g Löffelbiskuits
1 Vanilleschote
1 Bio-Zitrone (unbehandelt)
50 g Zucker
2 cl brauner Rum

Zubereitungszeit: **25 Minuten**
Garzeit bzw. Backzeit: **etwa
50 Minuten**

1_ Streusel aus der Grundmischung mit Butter und Ei nach
Packungsanleitung zubereiten. Zimt unterarbeiten.

2_ Pflaumenhälften auf einem Sieb abtropfen lassen. Löffelbiskuits in einen Gefrierbeutel geben, Beutel fest verschließen.
Löffelbiskuits mit einer Teigrolle zerbröseln. Vanilleschote längs
halbieren und das Mark herauskratzen. Zitrone heiß abwaschen,
abtrocknen und mit einem Sparschäler oder Zestenreißer die
gelbe Schale abschälen.

3_ Pflaumenhälften, Biskuitbrösel, Vanilleschote und -mark, Zitronenschale, Zucker und Rum in einen gewässerten Römertopf geben. Die Zutaten gut vermengen. Zimtstreusel darauf verteilen.

4_ Den Römertopf mit dem Deckel verschließen und auf dem Rost
in den kalten Backofen schieben.
Ober-/Unterhitze: etwa 200 °C (untere Einschubleiste)
Heißluft: etwa 180 °C
Garzeit: etwa 50 Minuten.

5_ Nach etwa 35 Minuten Garzeit den Deckel vom Römertopf
abnehmen und die Zimtstreusel-Pflaumen weitere 15 Minuten
backen.

Pro Portion: E: 13 g, F: 31 g, Kh: 151 g, kJ: 4011, kcal: 952

Beilage: Vanilleeis.

Aprikosenreis

Gut vorzubereiten

(Römertopf 2,5-Liter-Inhalt)
4 Portionen

Zutaten:
200 g Milchreis
1 l Vollmilch
1 Bio-Zitrone (unbehandelt)
1 Vanilleschote
1 gute Prise Salz
80 g Zucker
1 Dose Aprikosenhälften
  (Abtropfgewicht 500 g)

Zubereitungszeit: **20 Minuten,**
ohne Einweichzeit
Garzeit: **etwa 60 Minuten**

1_ Den Reis auf ein feines Sieb geben und unter fließendem kalten Wasser abspülen. Anschließend in eine große Schüssel geben, mit reichlich kaltem Wasser übergießen und mindestens 2 Stunden einweichen lassen. Den eingeweichten Reis auf einem Sieb abtropfen lassen.

2_ Milch in einen gewässerten Römertopf geben. Zitrone heiß abwaschen, abtrocknen und die Schale mit einem Sparschäler abschälen. Vanilleschote längs aufschneiden. Zitronenschale, Vanilleschote, Reis, Salz und Zucker in die Milch geben. Die Zutaten gut verrühren.

3_ Den Römertopf mit dem Deckel verschließen und auf dem Rost in den kalten Backofen schieben.
Ober-/Unterhitze: etwa 200 °C (untere Einschubleiste)
Heißluft: etwa 180 °C
Garzeit: etwa 60 Minuten.

4_ Den Römertopf nach etwa 45 Minuten Garzeit öffnen und den Reis umrühren. Den Reis mit Deckel weitere etwa 15 Minuten garen.

5_ Aprikosenhälften auf einem Sieb abtropfen lassen und vierteln. Nach etwa 60 Minuten Garzeit die Aprikosenviertel unter den Reis rühren. Den Backofen ausschalten und den Römertopf mit Deckel weitere etwa 10 Minuten darin stehen lassen. Vor dem Servieren Zitronenschale und Vanilleschote entfernen.

Pro Portion: E: 13 g, F: 9 g, Kh: 93 g, kJ: 2154, kcal: 514

Tipp: Den Aprikosenreis im Sommer gut gekühlt und im Winter warm servieren. Den Reis mit Pistazienkernen oder für Erwachsene mit in Pfirsichlikör getränkten Amarettini servieren. Evtl. nach dem Garen etwas Aprikosensaft unter den Reis rühren.

Apple-Crumble
Für Kinder

(Römertopf 4-Liter-Inhalt)
4 Portionen

Zutaten:

1 kg Äpfel
   (z. B. Elstar oder Golden
   Delicious)
Saft von 1 Zitrone
3 Pck. Dr. Oetker
   Bourbon-Vanille-Zucker
1 gestr. TL gemahlener Zimt
60 g Rosinen
1 Pck. Streuselteig
   (400 g Grundmischung)
125 g weiche Butter
1 Ei (Größe M)

Zubereitungszeit: **70 Minuten**
Backzeit: **etwa 50 Minuten**

1_ Äpfel schälen, halbieren, entkernen und in Achtel schneiden. Apfelstücke mit Zitronensaft, Vanille-Zucker und Zimt mischen, in einen gewässerten Römertopf geben. Rosinen auf den Apfelstücken verteilen.

2_ Den Streuselteig mit Butter und Ei nach Packungsanleitung zubereiten. Streusel gleichmäßig auf die Apfelstücke streuen.

3_ Den Römertopf mit dem Deckel verschließen und auf dem Rost in den kalten Backofen schieben.
Ober-/Unterhitze: etwa 200 °C (untere Einschubleiste)
Heißluft: etwa 180 °C
Backzeit: etwa 50 Minuten.

4_ Nach etwa 35 Minuten Backzeit den Deckel abnehmen und das Gericht fertig backen.

Pro Portion: E: 10 g, F: 29 g, Kh: 123 g, kJ: 3382, kcal: 803

Tipp: Apple-Crumble mit geschlagener Crème fraîche servieren.

Cannelloni mit Mohnfüllung
Raffiniert

(Römertopf 4-Liter-Inhalt)
4 Portionen

Zutaten:
Für die Füllung:
2 Dosen Mandarinen (Abtropfgewicht je 175 g)
1 Pck. (250 g) Mohnback
20 g Hartweizengrieß
2 Eier (Größe M)
200 g Doppelrahm-Frischkäse
16–20 Cannelloni (etwa 200 g)
  ohne Vorkochen

Für den Guss:
3 Eier (Größe M)
250 ml (¼ l) Milch
200 g Schlagsahne
30 g Zucker
½ Pck. Dr. Oetker Finesse
  Geriebene Zitronenschale

Für die Sauce:
2 gestr. EL Speisestärke
500 ml (½ l) Orangensaft
100 g Orangenmarmelade
2–3 EL Zitronensaft
1–2 EL Zucker

Zubereitungszeit: **35 Minuten**
Garzeit: **etwa 65 Minuten**

1_ Für die Füllung Mandarinen auf einem Sieb abtropfen lassen.
Mohnback, Grieß, Eier und Frischkäse in eine Schüssel geben.
Die Zutaten mit Handrührgerät mit Rührbesen zu einer ge-
schmeidigen Masse verrühren. Mandarinen unterrühren.

2_ Die Masse in einen Spritzbeutel (ohne Tülle) geben, in die
Cannelloni spritzen und in einen gewässerten Römertopf geben.

3_ Für den Guss Eier, Milch, Sahne, Zucker und Zitronenschale
verrühren und über die Cannelloni gießen.

4_ Den Römertopf mit dem Deckel verschließen und auf dem Rost
in den kalten Backofen schieben.
Ober-/Unterhitze: etwa 200 °C (untere Einschubleiste)
Heißluft: etwa 180 °C
Garzeit: etwa 65 Minuten.

5_ Für die Sauce Speisestärke mit 100 ml von dem Orangensaft
anrühren. Restlichen Orangensaft mit Orangenmarmelade und
Zitronensaft in einem Topf unter Rühren zum Kochen bringen.
Angerührte Speisestärke unter Rühren in den von der Kochstel-
le genommenen Saft einrühren und unter Rühren aufkochen
lassen. Mit Zucker abschmecken. Die Sauce heiß oder kalt zu den
Cannelloni servieren.

Pro Portion: E: 30 g, F: 51 g, Kh: 127 g, kJ: 4594, kcal: 1097

Backobst mit Hefebuchteln

Dauert etwas länger

(Römertopf 3-Liter-Inhalt)
4 Portionen

Zutaten:
1 frische Ananas
   (Fruchtfleisch etwa 500 g)
1 Bio-Limette (unbehandelt)
200 g gemischtes Backobst
50 g brauner Zucker
125 ml (⅛ l) Wasser

Für die Hefebuchteln:
½ Würfel (21 g) frische Hefe
6 EL Wasser
300 g Weizenmehl
125 ml (⅛ l) lauwarme Milch
40 g Zucker
75 g zerlassene, abgekühlte
   Butter

Zum Bestäuben:
2 EL Puderzucker

Zum Garnieren:
Minzeblättchen

Zubereitungszeit: **100 Minuten,
ohne Teiggehzeit**
Garzeit: **etwa 60 Minuten**

1_ Die Ananas schälen, längs achteln, dabei die holzige Mitte herausschneiden und das Fruchtfleisch in Stücke schneiden. Die Limette heiß abspülen, abtrocknen, die Schale dünn abreiben und den Saft auspressen. Backobst und Ananas mit Zucker, Limettenschale und 3 Esslöffeln Limettensaft mischen und etwa 30 Minuten marinieren.

2_ Für die Buchteln Hefe mit Wasser und 1 Esslöffel Mehl verrühren und zugedeckt etwa 10 Minuten bei Zimmertemperatur gehen lassen.

3_ Das übrige Mehl in eine Rührschüssel geben. Die angerührte Hefe, Milch, Zucker und Butter dazugeben und mit Handrührgerät mit Knethaken zunächst auf niedrigster, dann auf höchster Stufe in etwa 5 Minuten zu einem Teig verarbeiten. Den Teig zugedeckt so lange an einem warmen Ort gehen lassen, bis er sich sichtbar vergrößert hat.

4_ In der Zwischenzeit Ananas und Backobst mit der Marinade und Wasser in den gewässerten Römertopf füllen. Den Topf mit dem Deckel verschließen und auf dem Rost in den kalten Backofen schieben.
Ober-/Unterhitze: etwa 200 °C (untere Einschubleiste)
Heißluft: etwa 180 °C
Garzeit: etwa 60 Minuten.

5_ Nach etwa 40 Minuten Garzeit den Teig aus der Schüssel nehmen und auf der Arbeitsfläche nochmals kurz durchkneten. Aus dem Teig walnussgroße Kugeln formen, nebeneinander auf das Obst setzen und im geschlossenen Topf weitere 20 Minuten garen.

6_ Die Buchteln mit Puderzucker bestäuben und unter dem Grill (oder bei etwa 250 °C) karamellisieren lassen.

7_ Das Kompott mit den Buchteln anrichten und mit Minzeblättchen garnieren.

Pro Portion: E: 11 g, F: 18 g, Kh: 108 g, kJ: 2781, kcal: 664

Ratgeber

Deckel auf, Zutaten hinein, Deckel zu – und ab mit dem RÖMERTOPF® in den Backofen. So einfach ist das. Fast. Ein paar Kleinigkeiten gibt es schon noch zu berücksichtigen, will man das irdene Geschirr richtig handhaben. Auch lohnt es sich, vor der Erstbenutzung die Tipps des Herstellers durchzulesen.

Garen im Römertopf®
Das Garen im RÖMERTOPF® hat eine lange Tradition – und das zu Recht. In ihm können Speisen mit einem Minimum an Flüssigkeit oder ganz ohne gegart werden. Saft, Aroma, Geschmack, Nährstoffe und Vitamine der Zutaten bleiben weitgehend erhalten.
Es gelingen im RÖMERTOPF® sowohl Fleischgerichte aus Schwein oder Rind als auch Geflügel-, Wild-, Nudel- oder Gemüsegerichte. Der RÖMERTOPF® ermöglicht das Garen fast aller Gerichte ohne oder mit wenig Fett. Bei trockenen Fleischsorten empfiehlt sich ein geringer Fettzusatz – ein wenig Fett verbessert den Geschmack. Das Fleisch bleibt saftig, wenn man es mit Speckscheiben belegt.

Der Speck kann nach der Garzeit entfernt werden. Der Bratensatz lässt sich gut mit einem Pinsel vom Topfrand lösen. Der poröse Ton ermöglicht einen völlig naturgemäßen Garvorgang. Das Wasser in den Tonporen schafft zudem bei der langsamen Erwärmung eine milde Dunstschicht, die sich sowohl im Inneren als auch außerhalb des Topfes verbreitet. Dadurch kann z. B. Braten eine Kruste bekommen, ohne auszutrocknen.

Vor dem ersten Gebrauch
Vor der ersten Benutzung will Ihr RÖMERTOPF® erst einmal ausgiebig „baden". Bürsten Sie ihn zunächst gut aus, damit sich aller von der Fabrikation noch anhaftender Tonstaub löst. Legen Sie ihn anschließend für mindestens 30 Minuten in kaltes Wasser.

Nach dem Gebrauch
Nach getaner Arbeit wird der Topf mit heißem Wasser, einigen Tropfen mildem Spülmittel und einer Bürste gereinigt. Sie können den RÖMERTOPF® auch in die Spülmaschine stellen.

Handhabung und Pflege

- Der RÖMERTOPF® sollte vor jedem Benutzen gewässert werden. Haben Sie wenig Zeit, genügt es, den Deckel etwa 30 Sekunden unter fließendes Wasser zu halten. Die Poren nehmen in dieser Zeit genügend Wasser auf. Es ist aber besser, ihn für 10 Minuten komplett in ein Becken mit Wasser zu legen.
- Der RÖMERTOPF® darf nur im Backofen oder in der Mikrowelle verwendet werden. Bitte setzen Sie ihn niemals auf eine heiße Herdplatte oder auf offenes Feuer.
- Wichtig: Der RÖMERTOPF® wird immer auf dem Rost in den kalten Backofen geschoben. Erst dann darf der Backofen aufgeheizt werden.
- Die idealen Temperaturen sind bei Ober-/Unterhitze etwa 220 °C und bei Heißluft etwa 200 °C. Zum Überkrusten können Sie aber gegen Ende der Garzeit auch eine höhere Temperatureinstellung wählen und eventuell den Deckel abnehmen oder das Gericht noch kurz unter dem Backofengrill übergrillen.
- Wenn Sie im RÖMERTOPF® garen, prüfen Sie, ob die Gerichte in der empfohlenen Zeit gar werden. Die Temperaturen variieren bei den einzelnen Herden oft beachtlich. Lassen Sie die Gerichte lieber etwas länger im Backofen! Passieren wird nichts, weil der RÖMERTOPF® auch Zeitüberschreitungen nicht übel nimmt.
- Geben Sie niemals kalte Flüssigkeit während des Garens zu. Der Ton könnte reißen oder springen. Gießen Sie nur angewärmte Flüssigkeit zu.
- Stellen Sie die heiße Form aus dem Backofen am besten auf einen Untersatz aus Holz oder Kork oder auf ein gefaltetes Handtuch, damit der RÖMERTOPF® auf einer kalten Unterlage nicht zu plötzlich abkühlt und zerspringt.
- Nach rund 100-maliger Benutzung sollte der RÖMERTOPF® mit Essigwasser ausgekocht werden. Füllen Sie das Unterteil mit einer Mischung aus Wasser und einem guten Schuss Essig. Stellen Sie ihn in den Backofen und lassen Sie das Ganze (bei etwa 220 °C Ober-/Unterhitze, etwa 200 °C Heißluft) etwa eine halbe Stunde kochen. Danach sind die Poren wieder völlig frei und atmungsaktiv und speichern Wasser wie am ersten Tag.

- Wird der Topf nicht benutzt, legen Sie beide Hälften ineinander und stellen ihn an einen luftigen Platz. Ein RÖMERTOPF® darf nicht an einem feuchten oder muffigen Ort gelagert werden!
- RÖMERTÖPFE® gibt es in vielen Formen und Größen. Neben schlichten Formen gibt es verzierte Töpfe, z. B. in Fischform.
- Bei der Wahl des RÖMERTOPFES® ist zu berücksichtigen, dass die Größe den Gerichten angepasst sein soll, die man darin zubereiten will. Wir haben Ihnen bei den Gerichten jeweils einen Vorschlag gemacht. Ein großer Topf ist vor allem bei Fleisch ungünstig, weil ein kleines Stück Fleisch in einem zu großen Topf nicht genug im eigenen Saft schmoren kann und zu trocken wird.
- Suppen und Eintöpfe, Fleisch- und Gemüsegerichte können in ein und demselben RÖMERTOPF® zubereitet werden. Fischgerichte dagegen sollten in einer speziell dafür reservierten Form gegart werden, da der Fischgeschmack unweigerlich auf andere Speisen übergeht. Süße Speisen sollten ebenfalls in einem speziellen RÖMERTOPF® zubereitet werden.

Kapitelregister

FSC
www.fsc.org
MIX
Papier aus ver-
antwortungsvollen
Quellen
FSC® C012425

Verlagsgruppe Random House FSC-DEU-0100
Das für dieses Buch verwendete
FSC®-zertifizierte Papier Hello Fat matt
liefert Condat, Le Lardin Saint-Lazare, Frankreich.

3. Auflage

Hinweis Für Fragen, Vorschläge oder Anregungen steht Ihnen der
Verbraucherservice der Dr. Oetker Versuchsküche
Telefon: 00800 71727374 Mo.–Fr. 8:00–18:00 Uhr,
Sa. 9:00–15:00 Uhr (gebührenfrei in Deutschland) oder die
Mitarbeiter des Dr. Oetker Verlages Telefon: +49 (0) 521 520658
Mo.–Fr. 9:00–15:00 Uhr zur Verfügung.

**Wir danken für die
freundliche Unterstützung** Römertopf Verwertung GmbH & Co KG, Ransbach-Baumbach

Copyright © 2009 by Dr. Oetker Verlag KG, Bielefeld

Taschenbucherstausgabe 10/2009

Genehmigte Lizenzausgabe für den Wilhelm Heyne Verlag,
München, in der Verlagsgruppe Random House GmbH.
www.heyne.de
Printed in Germany 2012

Redaktion Jasmin Gromzik, Miriam Krampitz

Titelfoto Fotostudio Diercks, Hamburg

Innenfotos Fotostudio Diercks, Hamburg (S. 23, 48, 53, 83, 111, 119, 125)
Ulli Hartmann, Halle/Westf. (S. 15)
Antje Plewinski, Berlin (S. 9, 17, 19, 25, 27, 29, 33, 35, 37, 39, 41, 57, 61,
63, 65, 69, 71, 73, 75, 89, 99, 105, 107, 109, 113, 117)
Hans-Joachim Schmidt, Hamburg (S. 11, 13, 21, 31, 43, 45, 47, 51, 55,
59, 67, 77, 79, 81, 85, 87, 91, 93, 95, 97, 101, 103, 115, 121, 129, 131, 133,
135, 137, 139)
Brigitte Wegner, Bielefeld (S. 123, 127)

Grafisches Konzept kontur:design GmbH, Bielefeld
Umschlaggestaltung kontur:design GmbH, Bielefeld
Satz und Gestaltung M·D·H Haselhorst, Bielefeld

Druck und Bindung Offizin Andersen Nexö, Leipzig

Nachdruck, auch auszugsweise, nur mit unserer ausdrücklichen
Genehmigung und mit Quellenangabe gestattet.

ISBN: 978-3-453-85562-5

Register von A-Z